마더 테레사

빈민을 위해 헌신한

빈민을 위해 헌신한
마더 테레사

김정희 지음

차례

1장

꽃봉오리 안에 인도를 품고

2장

부르심 속의 부르심

3장

오직 한 사람을 위한 집 짓기

4장

소외된 모든 이들의 어머니로

1장
꽃봉오리 안에 인도를 품고

저녁마다 축제가 열리는 집

그 집은 웃음소리로 가득했다.

과일나무가 있는 너른 마당에는 아이들이 뛰어놀고 있었다. 웃고 떠드느라 해 지는 줄도 몰랐던 아이들은 어머니가 부를 때에야 식사 시간임을 알았다. 빵 굽는 냄새가 배고픈 아이들의 발걸음을 재촉했다. 뜰은 어두워지고 빈터가 되었지만 결코 쓸쓸하지 않았다. 아이들이 남겨 놓은 웃음이 저희들끼리 부딪치며 울리는 듯했기 때문이었다. 흠잡을 데 없이 평화로운 풍경. 그곳에는 누구나 꿈꾸는 아름다운 가정이 있었다.

"얘들아, 오늘 아버지가 돌아오신단다."

먼 나라로 출장을 갔던 아버지가 드디어 돌아오는 것이다. 아이들은 팔짝팔짝 뛰었다.

어머니는 거울 앞에 앉아 있었다. 아버지가 퇴근할 무렵이면 어머니는 언제나 옷매무새를 단정히 하고 머리를 새로 빗곤 했다. 훗날 어른이 되어서도 어머니를 추억할 때마다 그리움으로 떠올리게 될 인상 깊은 장면이었다.

그럴 때의 어머니는 유난히 고와 보였다. 아이들은 아버지가 오신다는 기쁨에, 또 어머니를 놀리고 싶은 마음에 문 뒤로 몸을 숨기고 키득댔다.

어머니가 미소를 지었다. 거울 속의 어머니와 눈이 마주치자 아이들은 다람쥐처럼 쪼르르 도망쳤다. 아이들도 손발을 씻고 세수를 했다. 곧 저녁 식탁에 앉을 시간이었다.

문밖에선 성큼성큼 뜰을 가로질러 오는 아버지의 발소리가 들렸다.

"얘들아, 아빠다. 아빠가 왔다!"

아이들은 아버지의 발소리가 점점 가까워지는 것을 들었다. 마침내 문이 활짝 열렸고, 검은 그림자 하나가 나타났다.

"아빠!"

아이들은 아버지에게 달려들었다. 아버지는 세 아이를 커다란 팔로 한꺼번에 안았다. 어머니는 그 모습을 흐뭇하게 지켜볼 따름이었다. 아버지는 가장 작은 아이를 번쩍 들어 올렸다. 그리고 까칠

까칠한 턱을 작은 아이의 볼에 비비며 뽀뽀를 했다. 아이는 아버지가 오신 게 신이 나서 얼굴이 따끔거리는 것도 몰랐다.

"우리 공주님, 엄마 말씀 잘 듣고 언니 오빠랑도 사이좋게 지냈니? 친구들하고도 안 싸우고?"

작은 아이는 어깨를 쫙 폈다.

"그러엄! 나는 아무하고도 안 싸워. 하느님이 어딜 가나 따라다니시거든."

아이의 귀여운 말투에 집 안 가득 함박웃음이 퍼졌다.

가족은 소박한 밥상에 둘러앉아 이야기꽃을 피웠고, 식사 후에 거실에 모여 묵주기도를 올렸다. 가족이 함께 모여 따뜻한

식사를 나눠 먹으며 기도를 올릴 수 있다는 것은 숙복받은 일이었다. 그들은 감사하고 또 감사하며 기도했다.

어머니는 이 순간을 축제와 같다고 생각했다. 아이들 또한 저녁 무렵의 의식에 참가하며, 사랑만 있다면 모든 순간이 축제라는 것을 깨달아 가고 있었다. 가장 작은 아이도 고사리 같은 손을 모아 쥐고 무어라고 열심히 기도를 했다.

발그레한 얼굴을 한 사랑스러운 아이였다. 궁금한 것이 많아서 매일 어머니의 치맛자락을 잡아당기고, 별일 아닌 것에도 함박웃음을 터뜨리는 아이. 이 아이가 바로 모두가 보잘것없다고 생각했던 작은 실천으로 위대한 사랑을 만들어 낸, 가난한 이들의 어머니 마더 테레사이다.

마더 테레사는 1910년 8월 26일, 마케도니아*의 수도 스코플레에서 태어났다. 아기의 탄생은 보야주 집안에 큰 기쁨을 안겨 주었

---

* 마더 테레사의 고향에 대한 기록은 다양하다. 마케도니아 출신이라고도 하고, 유고슬라비아 출신이라고도 한다. 그 이유는 마더 테레사의 조국 이름이 여러 번 바뀌는 역사적 상황을 겪었기 때문이다. 마더 테레사의 부모는 마케도니아의 수도 스코플레에 살고 있는 알바니아계 소수민족이었다. 마케도니아는 오스만제국의 지배를 받다가 제2차 세계대전 후에 소련 사회주의의 영향을 받은 유고슬라비아 연방에 속하게 되었다. 마케도니아가 제 이름을 찾고 독립을 한 것은 유고슬라비아 연방이 붕괴된 1991년의 일이다. 마더 테레사가 태어난 1910년 당시의 마케도니아는(현 북마케도니아) 오스만제국의 지배를 받고 있었고 유고슬라비아 연방에 속하기 전이었기 때문에 이 책에서는 마더 테레사의 고향명을 마케도니아로 표기하였다. 마케도니아의 역사에 대한 자세한 사항은 책 뒤에 별도로 다뤄 놓았다.

다. 여섯 살이 된 아가와 세 살이 된 라자르는 동생이 생겼다는 사실에 흥분했다. 아기가 태어나는 동안 아이들은 문밖에서 발을 동동 구르며 동생을 만나기를 학수고대했다. 어머니가 그토록 고통스럽게 아이를 낳는다는 사실에 두려움과 존경을 느끼면서…….

"아기 이름은 아그네스 곤자란다."

아버지가 말했다. '곤자'란 알바니아어로 '꽃봉오리'를 뜻하는 말이었다. 아이의 발그레한 볼을 보고 떠올린 이름이었다.

"정말 근사한 이름이다. 아그네스 곤자!"

아가와 라자르도 그 이름이 마음에 들어 자꾸 불러 보았다. 부를수록 듣기 좋은 이름이었고, 동생에게 썩 잘 어울리는 이름이라는 생각이 들었다. 다음 날인 8월 27일에 아기는 세례를 받았고, 아그네스 곤자라는 세례명을 갖게 되었다. 부모는 이날을 아기의 정식 생일로 정했다. 아그네스 곤자 보야주, 이것이 마더 테레사의 어릴 적 이름이다.

아그네스의 부모는 알바니아계 사람들로 독실한 가톨릭 신자였다. 그들은 신앙으로 아이들을 교육시키고 하느님의 가르침을 생활 속에서 실천하려고 노력했다.

아버지 니콜라 보야주는 건축업과 식료품 수입업을 하는 사람이었다. 사업을 크게 했으므로 아그네스의 집은 스코플레에서 부유한 편에 속했다. 아버지는 상당히 활동적인 사람이어서 폭넓은 사회생

활을 했다. 아버지는 세르보·크로아트어를 할 수 있었고 프랑스어
와 이탈리아어, 터키어에도 능했다. 외국에 출장을 가는 일도 잦았
는데, 그때마다 아버지는 선물 꾸러미를 들고 돌아왔다. 그보다 더
큰 이야기보따리도 함께 가지고서. 아버지가 풀어놓은 먼 나라의
신비한 이야기는 아그네스를 풍부한 상상의 세계로 이끌었다.

'바다 건너엔 무엇이 있을까? 신기한 사람들이 살고 있을까?'

그런 날 밤이면 호기심 많은 소녀의 가슴은 깃발처럼 펄럭거리
곤 했다. 두근거림 때문에 아그네스는 침대에 누워서도 도저히 잠
을 이룰 수 없었다.

아버지는 정이 많은 사람이어서 사람들과 함께하는 것을 좋아했
다. 그래서 집에는 아버지의 손님들이 많이 찾아왔다.

"우리 집으로 와서 이야기하세."

아버지는 친구들이나 아는 사람들에게 늘 그렇게 말했다.

사람들은 부담 없이 아그네스의 집으로 찾아와서 쉬었다 가곤
했다. 집에는 아버지의 손님들 외에도 낯선 사람들이 매일 들락거
렸다. 어머니 드라나필은 늘 미소를 띤 얼굴로 손님들을 맞이했는
데, 아무리 소박한 밥상일지라도 정성을 다해 그들을 대접했다. 어
머니는 문을 꼭 잠근 채 자기 가정만을 지키려 하지 않고 문을 두드
리는 사람이면 누구나 반갑게 맞아 주었고, 그들을 거절하는 법은
없었다. 뿐만 아니라 어머니는 집에 오는 사람이면 누구도 빈손으

로 돌려보내지 않았다. 어머니가 사람들에게 준 것은 빵 한 조각이 아니라 가정의 따뜻한 사랑이었다. 여기에 그치지 않고 어머니는 가난한 이웃을 직접 찾아다니기도 했다. 그들에게 먹을 것과 입을 것을 나누어 주었고, 그들을 위해 하느님께 늘 기도했다.

아버지는 어머니가 쓸데없는 일을 한다고 생각하지 않았다. 그는 어머니의 가장 든든한 후원자였다. 어머니가 가난한 사람들을 도울 수 있도록 재정적으로 지원했으며, 마음 깊은 응원을 보내 주었다. 아버지는 어머니를 신뢰했고, 항상 어머니가 옳다고 여겼다. 아그네스의 눈에도 아버지와 어머니는 이상적인 부부로 보였다. 보야주 부부는 서로에게 절대적인 지지자였다.

집은 부유했지만 어머니는 절약이 몸에 밴 사람이었다. 언젠가 한번은 세 남매가 거실에서 왁자지껄 떠들고 있을 때, 어머니가 갑자기 불을 끈 일이 있었다. 쓸데없는 수다를 떠는 데 전기를 낭비해서는 안 된다는 이유였다. 어머니는 자상한 사람이었지만 자기 생활에 대단히 엄격한 편이었다. 매일 아침 아이들을 데리고 성당에 가서 미사를 드렸고, 하루하루를 부지런하게 보냈다. 어머니는 한결같은 정성으로 가족을 돌보았다.

이러한 어머니의 모습은 어린 딸에게 큰 영향을 끼쳤다. 사랑을 실천하는 것은 그리 거창한 것이 아니라 일상 속에서의 작은 정성도 소중하게 여기면서 똑같은 하루라도 특별하게 살려고 노력하는 것임을 알게 되었다. 아이의 가슴에는 어머니의 따뜻한 사랑이 깊이 아로새겨졌다.

어머니는 아이들에게 말하곤 했다.

"하느님은 이웃을 사랑하라고 말씀하셨단다. 그들은 우리의 이웃이고 극진히 대접해야 할 사람들이란다. 우리와 피를 나눈 사람들은 아니지만 그들 모두가 우리 형제들이라는 것을 마음속에 간직하거라."

아그네스는 어머니를 졸졸 따라다녔는데, 어머니를 보는 것만으로도 많은 것을 깨우칠 수 있었다. 아그네스는 어머니로부터 하느님을 섬기듯 이웃을 섬기는 법을 배웠다. 어머니는 아그네스에게 작은 학교와도 같았다. 아그네스는 기도가 없는 생활은 상상할 수도 없는 신앙심 깊은 소녀로 자라났다.

아그네스는 또한 마음이 따뜻한 아이였다. 한 끼의 배고픔을 기꺼운 마음으로 참고 배고픈 친구에게 빵을 나눠 주는 아이였다. 사람들은 누구나 아그네스가 진심 어린 마음으로 선행을 베푼다는 것을 알 수 있었다. 아그네스의 짙은 바다색 눈동자에는 늘 미소가 가득했다. 나이가 들면서 얼굴은 변해 갔지만, 아그네스는 이 생동감 넘치는 눈동자를 평생 간직했다.

가족이 모두 모여 저녁 식사를 하는 것을 축제로 여겼던 소박한 사람들. 그러나 그 축제는 오래가지 못했다.

아버지의 조국

1910년 당시 마케도니아의 수도 스코플레는 수백 년 동안 오스만제국*의 지배를 받고 있었다. 유고슬라비아에 속하게 된 것은 훨씬 후의 일이므로 아그네스의 고향은 마케도니아라고 해야 옳을 것이다. 아그네스는 그곳 마케도니아에 사는 알바니아계 소수민족이었다.

아그네스가 태어난 땅은 발칸반도**라고 불리는 곳으로 격동의 역사를 거쳐 왔다. 서로 다른 말과 글을 쓰는, 서로 다른 종교를 가

---

* 오토만제국 혹은 오스만투르크제국이라고도 한다. 1299년부터 1922년 터키공화국이 생길 때까지 지속된 소아시아의 투르크족이 세운 이슬람교 기반의 제국을 말한다. 발칸반도를 점령하고 유럽에 영토 확장을 하면서 유럽 대륙과 아프리카 일대에까지 큰 영향력을 행사했다. 오스만제국은 제1차 세계대전 이후 1922년에 붕괴되었다.

진, 서로 다른 민족들이 좁은 땅에 이웃해 살았기 때문에 항상 다툼이 끊이지 않았다. 발칸반도라는 좁은 땅에 두 가지 문자, 세 가지 종교, 네 가지 언어, 다섯 가지 민족, 여섯 가지 나라가 있었던 것이다. 여기에 터키와 슬라브 민족이 발칸을 무대로 대립하고, 강대국이 이권을 다투는 장소가 되면서 발칸반도는 분쟁의 소용돌이에 쉽게 휘말리곤 했다. 이곳은 '유럽의 화약고'라고 불리는 땅이었다.

그 땅에 사는 민족들은 한이 많은 사람들이었고, 상처를 숙명으로 받아들일 수밖에 없는 이들이었다. 아무도 이웃 간의 분쟁을 원하지 않았고, 열강에 의한 전쟁을 원하지 않았다. 이웃을 사랑하며 사는 아그네스의 가족처럼 사람들은 더불어 사는 평화를 원했다. 그러나 비극의 역사는 좀처럼 끝날 줄을 몰랐고, 20세기를 넘어 21세기에 와서도 곳곳에서 내전과 유혈 사태가 계속되었다. 발칸반도는 수많은 전쟁과 피로 얼룩진 슬픔의 땅이었다.

아그네스의 가정은 화목하고 안전했지만, 집 밖으로 나서면 위험으로부터 자유로울 수 없었다. 비극은 어디에나 도사리고 있었고, 아그네스의 행복한 가정에도 그 어두운 손길을 뻗치기 시작했다.

** 유럽 대륙의 남동쪽에 위치한 반도를 일컫는다. 위쪽으로는 동유럽, 오른쪽으로는 터키에 붙어 있는 삼각형 모양의 반도로 아드리아해·지중해·이오니아해·에게해·흑해 등의 바다에 둘러 쌓여 있는 지역이다. 발칸은 터키어로 '산맥'이라는 뜻인데, 말 그대로 이 지역은 대부분 험준한 산악 지대로 이루어져 있다. 이곳에 크로아티아, 보스니아 헤르체고비나, 세르비아, 몬테네그로, 알바니아, 마케도니아의 여섯 개 나라가 밀집해 있다. 종교와 인종 갈등이 심한 지역으로 제1차 세계대전의 시발점이 되는 등 수많은 전쟁에 휘말리게 된 지역이다.

아그네스의 아버지는 사업가였으나 정치에도 참여해 시의원으로 활동한 적도 있었다. 아버지는 마케도니아에 살면서도 알바니아의 정치 문제에 큰 관심을 가지고 있었다. 알바니아 역시 오스만 제국의 지배로부터 자유로워지고자 했다. 오스만제국은 발칸의 기독교인들을 이슬람교로 강제 개종시켰고, 수백 년 동안 종교적인 박해를 해 왔다. 저항을 하는 기독교인들에 대한 학살은 20세기인 그때까지도 계속되고 있었다.

아버지는 쾌활한 사람이었으나, 조국과 관련된 문제에는 항상 심각한 얼굴을 했다. 아이들은 침울한 아버지를 보면서 나라를 잃은 민족의 슬픔을 짐작할 수 있었다.

그러던 어느 날 아버지는 알바니아 독립을 위한 베오그라드의 정치 집회에 참석하게 되었다. 여느 때처럼 활기차고 건강한 모습으로 집을 나섰던 아버지는 하얗게 질린 얼굴로 비틀거리며 집으로 돌아왔다. 아버지는 쓰러지려는 몸을 애써 가누며 문을 두드렸다.

아버지는 붉은 피를 토하고 있었다. 아그네스는 심장이 철렁 내려앉는 것만 같았다. 어머니와 세 아이는 덩치가 큰 아버지를 가까스로 침대로 옮겼다. 아버지는 경련을 일으켰고, 계속 피를 토해 냈다. 가족이 할 수 있는 일은 기도뿐이었다.

"하느님, 제발 아버지를 살려 주세요."

아그네스는 눈물을 흘리며 기도했다. 아버지가 고통 속에서 부르르 떨고 있는 모습은 아그네스에게 참을 수 없는 슬픔을 안겨 주었다. 아버지는 아무 말도 남기지 못하고 곧 숨을 거두었다. 아버지의 눈가는 축축하게 젖어 있었다.

아그네스는 아버지가 이렇게 비참하게 돌아가실 줄은 한 번도 상상해 본 적이 없었다. 아그네스는 아버지를 보낼 준비가 전혀 되어 있지 않았다. 그건 어머니와 형제들도 마찬가지였다.

"무언가 독이 든 것을 드신 것 같습니다."

의사가 말했다.

독이라니? 누가 아버지에게 독을 먹게 했단 말인가? 가족은 아버지가 정치적인 문제의 희생물이 되었다고 짐작했을 뿐, 누가 무슨 이유로 그랬는지 끝내 그 비밀을 밝혀내지 못했다. 분명한 것은 아버지가 이제 곁에 없다는 믿어지지 않는 사실뿐이었다. 억울한 죽음이었다.

아버지가 갑자기 돌아가신 그날 저녁엔 축제를 열 수 없었다. 그날은 행복한 웃음이 넘치던 보야주 집안이 온통 눈물로 가득한 날이었다. 통곡은 살아남은 자들의 몫이었다. 문밖에 가득한 전쟁의 고통이 그들 집안에까지 피비린내로 가득하게 했고, 아버지는 45년의 삶을 정리할 시간도 갖지 못한 채 가족의 곁을 떠나갔다. 아이들은 저녁 무렵 마당을 가로질러 오는 아버지의 우렁찬 목소리를 더 이상 들을 수 없었다. 그들의 뜰은 침묵에 잠겼다.

아홉 살이란 아버지를 잃기에는 너무 어린 나이였다.

남편을 잃은 어머니의 아픔은 더욱 컸다. 언제나 꿋꿋한 모습의 어머니였지만, 아버지의 죽음 앞에서 충격을 받을 수밖에 없었다. 어머니는 정신을 잃고 쿵, 소리를 내며 쓰러졌다. 그리고 오랫동안 병들어 누워 있어야 했다.

이때 열다섯 살이었던 언니 아가가 집안 살림을 하며 어머니를 돌보았고, 열두 살이었던 오빠 라자르가 아그네스를 돌보았다. 아이들은 어머니마저 잃으면 안 된다는 생각에 점점 더 어른스러워졌다.

엎친 데 덮친 격으로 아버지와 함께 사업을 하던 동업자가 회사의 돈을 모두 횡령해 가는 바람에 아그네스의 가족은 가난해졌다. 어머니는 사랑하는 남편을 가슴에 묻고 어린 자식들을 위해 기운을 차려야만 했다. 그들 가족에게는 살아가야 할 삶이 있었고, 어머니에겐 지켜야 할 아이들이 있었던 것이다. 어머니는 다시 옷매무새를 단정히 하고 머리를 곱게 빗었다. 어머니는 이전과 똑같은 단아한 모습으로 생활을 꾸려 가기 시작했다.

그러나 남편 없이 여자 혼자 할 수 있는 일이 많지 않다는 것은 절망적인 현실이었다. 오스만제국의 오랜 지배를 받아 온 스코플례는 남성 중심의 사회였고, 여성이 생계를 위해 사회생활을 하는 것에 대해 배타적이었다. 어머니는 용기를 냈다. 어머니는 자수 제

품을 파는 일을 시작했는데, 아이들이 잠든 후에도 쉬지 않고 수를 놓았다. 남편에 대한 추억을 한 땀 한 땀 엮어 가려는 듯.

어려운 살림살이에도 어머니는 이웃을 돕는 일을 멈추지 않았다. 그들은 더욱 검소하게 살면서 그들보다 더 가난한 사람들을 도왔다.

"아버지가 아신다면 기뻐하실 거다. 하느님도 우리 가족을 어여삐 여기실 거야."

솜씨가 좋았던 어머니의 자수 제품은 제법 잘 팔렸다. 어머니의 사업은 날로 발전했고, 나중에는 스코플레의 특산품인 카펫까지 취급하게 되었다. 이슬람 문화권에 속해 있던 당시에 이것은 보기 드문 일이었다. 남편을 잃은 여자들은 세상을 다 빼앗긴 거나 마찬가지였기 때문에 그 절망은 이루 말할 수 없는 것이었다. 그들은 가난하게 살다가 비참하게 죽어 가기도 했다.

어머니는 그런 사회에 속한 평범한 여자였지만, 그대로 쓰러져서는 안 된다고 생각하며 안간힘으로 세상과 싸워 나갔다. 어려움을 딛고 일어서는 어머니의 모습을 보면서 아그네스는 생각했다.

'나도 어머니와 같은 용감한 사람이 되고 싶다.'

온화하고 부드러워 더 강인할 수 있었던 어머니의 모습은 아그네스의 가슴에 깊이 자리 잡았다.

아버지의 죽음은 어머니의 삶을 바꾸어 놓았고, 세 남매에게도 많은 영향을 끼쳤다. 뜰에 모여 아무 걱정 없이 놀던 세 아이들은 이제 각자의 방식으로 슬픔을 달랬다. 언니 아가는 공부를 열심히 했고, 오빠는 운동을 즐겨 하면서 군인이 되겠다는 꿈을 키웠다. 아그네스는 전보다 기도하는 일에 더 열중하게 되었다. 세 아이들은 근심이 많았지만 밝은 모습을 잃지 않았다.

아그네스는 아버지의 죽음을 겪어 내면서 막연하게 세상에 대한 생각들을 정리해 가기 시작했다. 아그네스는 훗날 어른이 되어 죄 없는 사람들과 아이들을 불행으로 내모는, 그들에게서 사랑하는 가족을 앗아 가는 전쟁에 반대했다. 평화를 위해 전쟁을 한다는 것은 모순이라고 생각했다. 그리고 세상을 바꾸는 것은 전쟁이 아니라 사랑이라는 것을 몸소 보여 주는 사람이 되었다.

수녀가 되고 싶어요

시간이 지나자 아그네스 가족의 상처는 아물어 갔다. 이들은 눈물을 거두고 전처럼 활짝 웃으며 평온하게 살아갔다. 아버지가 돌아가시기 전보다 오히려 더 단합된 모습이었다. 그들은 서로를 아꼈으며 서로를 즐겁게 해 주기 위해 애썼다. 어머니는 깊은 신앙과 인자함으로 아이들을 돌보았으며 항상 부지런하게 생활했다. 아가와 아그네스는 그런 어머니 밑에서 단정한 아이들로 자라났다. 예쁜 새 옷을 입지는 못했지만 항상 깨끗한 차림새로 다녔다. 검소하고 깔끔하게 생활하는 것은 어머니로부터 배운 습관이었다. 어머니의 검약 정신은 엄격한 것이었고, 그런 고지식함으로 아이들을 가르쳤다.

라자르는 1924년에 육군사관학교에 장학금을 받고 진학하게 되었다. 늘 꿈꿔 오던 일이었으므로 사관학교에 가게 된 것은 기뻤지만, 식구들과 헤어지게 되어 마음이 무거웠다. 라자르는 오스트리아로 떠났고, 방학 때에만 집으로 왔다.

성당은 아그네스 가족에게 이전보다 더 중요한 장소가 되었다. 알바니아인들은 소수민족이었고, 가톨릭 또한 소수의 종교였으므로 성심 교구*의 성당은 그들의 종교와 문화를 지키는 터전이기도 했다. 이들은 함께 모여 알바니아인으로서의 자긍심을 지켜 갔다. 아그네스의 생활도 성당을 중심으로 이루어졌다. 집 바로 옆에 성당이 있었기 때문에 성당을 가는 일이 그리 어렵지 않았다.

어머니의 교육은 신앙에 바탕을 두고 있었다. 아버지가 살아 있을 때도 마찬가지였지만, 어머니는 험한 세상에서 아이들이 강하고 담대하게 살아가길 바라는 마음에서 신앙 교육에 더 마음을 썼다.

아그네스는 하루를 기도와 함께 시작했다. 아침에 일찍 일어나면 제일 먼저 성당으로 달려가 미사를 드렸다. 저녁 무렵의 집안 축제도 여전히 계속되었다. 가족은 함께 모여 식사를 했고 묵주기도를 하는 것으로 하루를 마감했다. 아그네스의 가족은 여전히 행복했다. 달라진 것이 있다면 아버지가 함께하지 못한다는 것뿐이었고, 그것은 아그네스의 가슴속 생채기로 남아 있었다.

---

* 교구는 교회에서 관할하는 지역을 구분할 때 쓰는 말이다. 성심은 예수님의 심장을 말하는 것인데, 가톨릭의 성당은 성심이라는 이름을 가진 경우가 많다.

아그네스는 언니와 함께 성당의 성가대 단원으로도 활동했다. 목소리가 고왔던 아그네스는 크리스마스 연극 공연에서 독창을 하기도 했다.

'찬송은 하느님께로 가까이 가는 마음의 노래 같아.'

아그네스는 생각했다. 아그네스는 하루 종일 찬송을 흥얼거렸는데, 그것이 마음을 무척 즐겁게 해 주었다. 찬송과 기도는 어린 아그네스에게 기쁨과 희망을 주었고, 그 때문에 늘 웃을 수 있었다.

아그네스는 자그마한 아이였다. 나중에 어른이 되어서도 작은 사람에 속했다. 마더 테레사로 활동적으로 일할 때도 그의 키는 150센티미터가 될까 말까 했다. 아그네스는 왜소한 체격에 몸도 약한 편이었다. 감기는 거의 달고 있다시피 했는데, 한번은 말라리아에 걸리기도 해서 어머니를 안타깝게 했다. 어머니는 성심 교구가 치르는 연례행사인 성지순례에 매년 아그네스를 참여하게 했다. 산속의 맑은 공기가 아그네스를 건강하게 해 줄 것이라 생각했기 때문이었다.

발칸반도의 몬테네그로 지역 산속에는 성모마리아의 성지가 있었다. 몸은 약했지만 활동적이고 발랄한 성격의 소녀였던 아그네스는 성지순례를 무척 좋아했다.

'내일 비가 오면 안 되는데…….. 뭐 빠뜨린 건 없나?'

순례를 떠나기 전날 밤이면 아그네스는 설레어서 잠을 설치곤

했다.

성모마리아의 성지에서 기도를 드리면서 아그네스의 신앙심은
더욱 깊어져 갔다. 매년 계속된 성지에서의 기도는 아그네스가 삶
의 방향을 결정하는 데 중요한 역할을 했다. 고요한 산속에서 기도
하면서 아그네스는 하느님에게 수많은 질문을 하면서 자기 자신을
돌아보았다. 어린 나이였지만 아그네스는 자기만의 정신세계를 만
들어 가고 있었고, 누구보다 확고한 신념을 가진 소녀로 성장하게
되었다. 그리고 막연하게 수녀가 되어 수도자의 길을 가고 싶다는
생각을 하게 되었다. 아그네스의 나이 겨우 열두 살 때의 일이었다.

그즈음 성당에 얌브렌코비치라는 신부가 새로 부임을 해 왔다.
그 신부는 젊고 활동적인 사람이었고, 그가 속한 예수회의 신부들
은 세계 각지에서 의욕적으로 일하고 있었다.

"수도자들은 사회를 위해 봉사하고 어려운 사람들을 위해 발이
부르트도록 일해야 한단다. 수도자는 숨어 사는 사람들이 아니라
이 사회에 대해 책임감을 가지고 행동해야 하는 사람들이지."

그 신부를 통해서 아그네스는 선교사들의 활동에 대한 이야기를
듣게 되었다. 아그네스는 수도자들이 기도만 하고 침묵하는 사람
들이 아니라는 것을 알게 되었다.

얌브렌코비치 신부는 교구에 도서관을 만들어 아이들이 책을 읽
을 수 있도록 해 주었다. 책 읽는 것은 아그네스의 또 다른 관심사

가 되었다. 아그네스는 단순할 정도로 무엇이든 열심히 하는 성격이었다. 그는 도서관에서 고전문학에 흠뻑 취해 살았는데 도스토옙스키의 작품과 시엔키에비치의 『쿠오바디스』를 탐독했다.

쿠오바디스(Quo Vadis)란 "주여, 어디로 가시나이까?"라는 뜻의 라틴어다. 이것은 베드로가 십자가를 짊어지고 가는 예수님에게 던진 질문이었다. 종교적인 분위기에서 자라난 아그네스에게 이 작품의 감동은 이루 말할 수 없는 것이었다.

아그네스는 얌브렌코비치 신부의 영향으로 성모신심회에 속해 활동하게 되었다. 성모신심회는 예수회 사제들이 만든 청소년 단체였다.

얌브렌코비치 신부는 선교사들이 보내오는 편지를 읽어 주곤 했다. 동인도의 벵골 지방으로 파견된 신부들의 편지였다.

"이곳 인도의 생활은 무척 비참하답니다. 많은 사람들이 가난과 질병으로 고통받고 있습니다. 그들이 고통 속에서 죽어 가고 있는데도 세상은 그들을 외면하고 있습니다. 이곳에는 더 많은 손길이 필요합니다."

편지를 통해 아그네스는 인도라는 나라를 알게 되었다. 그곳에서 일하는 선교사들의 이야기들은 무척 인상 깊었다. 지도를 펴 보아도 발칸반도와는 전혀 상관없어 보이는 먼 곳에 있는 나라였다. 그곳까지 가려면 드넓은 바다를 건너야 하고 수많은 나라들의 국

경을 넘어야 했다. 아그네스는 선교사들의 편지로만 접했을 뿐인 인도에 대한 꿈을 품기 시작했다.

갠지스강의 구릿빛 물결에 관한 이야기, 땅과 비슷한 색깔의 얼굴을 가진 사람들이 쓰는 이국적인 언어들. 인도에서 종횡무진 활동하는 선교사들이 아그네스에게는 오지의 밀림을 헤치는 탐험가들처럼 생각되었다. 아그네스는 본 적도 없는 그들의 모습을 머릿속으로 수없이 그려 냈다. 그곳에서 하느님의 뜻대로 기도하고 봉사하는 삶은 아그네스에게 너무도 아름다운 그림으로 다가왔다.

가족이 모두 모인 어느 날 아그네스는 그런 자기 생각을 털어놓았다.

"저는 인도로 갈 거예요. 그곳엔 비참하게 살아가는 사람들이 많대요. 인도로 가서 하느님의 말씀도 전하고 그들을 위해 일하면서 살고 싶어요."

아그네스의 말에 가족은 모두 깜짝 놀랐다.

"왜 인도로 가겠다는 거니?"

어머니가 말했다.

"거기엔 가난하고 불쌍한 사람들이 많대요. 굶어 죽어 가는 사람들, 병들고 외로운 사람들이 많대요. 어머니가 늘 그러셨잖아요. 가난한 사람들을 이웃처럼 생각하고 그들을 위해 봉사하라고요."

어머니는 아그네스의 착한 마음씨를 기특하게 생각했다.

"하지만 꼭 인도로 갈 필요가 있겠니? 우리 주변에도 돌봐야 할 사람들이 많은데……. 인도는 너무 먼 곳이잖니."

언니와 오빠도 거들었다.

"그곳엔 할 일이 너무 많대요. 저는 선교사가 되어 인도에서 일하고 싶어요."

신앙심이 깊고 하느님의 뜻 안에 사는 착한 아그네스였지만, 그렇다고 선교사가 되어 인도로 가겠다고 선언하는 것을 무턱대고 반길 수도 없었다. 어머니는 아그네스가 말한 선교사가 수녀를 뜻하는 것임을 눈치채지 못했다.

"넌 아직 어리니까 좀 더 자란 후에 생각해 보자꾸나."

어머니는 아이들의 꿈이란 것은 여러 번 바뀌는 것이라 생각했다. 어머니는 아그네스가 아직 어리니 자라는 동안 생각이 바뀔 것이라고 여겼고, 그날의 일에 대해 크게 신경 쓰지 않았다.

아그네스에게도 그것은 막연한 소망이었다. 열두 살의 소녀에게 다가올 것이라 짐작하기 어려운 까마득한 미래의 일이기 때문이었다. 학교에 다니고 성당에서 여러 가지 활동을 하느라 바빠서 한동안 이날의 선언을 잊고 살았다. 그러나 인도는 어린 아그네스의 가슴에 별처럼 박혀 있었다. 새로운 세계에 대한 어린아이다운 동경이었다. 그 희미한 환상이었던 인도는 점점 아그네스의 삶 속으로 다가오고 있었다. 아그네스의 신념은 하루하루 여물어 갔다.

아그네스가 인도에 대한 이야기를 다시 써낸 깃은 그로부터 6년 후의 일이었다.

성스러운 부르심

아그네스는 열여덟 살의 생일을 앞두고 있었다. 아그네스는 여전히 바쁜 소녀였다. 낮에는 스코플례의 공립학교인 김나지움을 다니면서 공부를 했고, 오후에는 성당의 일로 눈코 뜰 새 없었다.

"아그네스, 우리와 함께 놀러 가지 않을래?"

또래의 소녀들이 그렇게 말할 때마다 아그네스는 수줍은 미소를 지었다.

"미안, 나는 집에 빨리 가 봐야 해. 너희들끼리 재미있게 놀다 오렴."

아그네스는 황급하게 학교를 떠나 집으로 돌아오곤 했다. 그리고 간단하게 밥을 먹고 집이나 다름없는 성당으로 달려갔다. 학교에서 또래의 소녀들과 어울리는 시간은 적었지만, 아그네스는 더 많은 시간을 성당 친구들과 어울리며 슬겁게 지냈다. 아그네스는 머리카락이 짙고 눈매가 깊은 소녀였다. 열여덟 살이 되면서 아그네스는 나날이 성숙해졌고, 생각도 많아졌다.

열여덟 살이란 아그네스에게 특별한 의미가 있는 나이였다. 귀염 받는 막내로 태어났지만 어리광 부릴 시간 없이 단단하게 자기를 다져 온 아그네스였다. 이제 자신의 미래에 대해 생각하고 진로를 정해야 할 나이가 왔다는 것을 아그네스는 잘 알고 있었다.

'무엇을 할 것인가. 어떻게 살아갈 것인가. 이제 나는 더 이상 어린아이가 아니다. 나는 열여덟 살이고 내 삶을 독립적으로 꾸려 가야 한다. 나의 소명을 찾아야 한다.'

아그네스는 고민이 많아졌다.

"넌 책 읽는 것도 좋아하고 글쓰기도 잘하니까 문학가가 되면 어떻겠니?"

고민을 넌지시 비칠 때면 언니와 오빠는 그렇게 조언을 했다. 그러나 아그네스의 마음은 이미 수녀가 되는 쪽으로 기울어지고 있었다. 수도자가 되어 기도 속에 살며 이웃을 위해 봉사하고 싶다는 마음이 컸고, 그렇게 일하는 자기 모습을 상상할 때마다 가슴이 뛰었다. 아그네스는 자기 마음이 끌리는 일을 해야 한다고 생각했다. 그러나 수녀가 되는 일은 혼자만의 결심으로 가능한 일이 아니었다. 다른 직업들처럼 자기가 잘하고 좋아하는 일이라고 무턱대고

덤빌 수 있는 종류의 일이 아니었다. 무엇보다 어머니의 반대를 걱정하지 않을 수 없었다.

아그네스는 이런 고민을 어머니에게 털어놓지 못했다. 아그네스는 혼자서 기도하는 일에 열중했고, 청소년기에 큰 영향을 주었던 얌브렌코비치 신부와도 상담했다.

"신부님, 저는 수녀가 되고 싶습니다. 저 또한 오랜 시간 잊고 있었지만 열두 살 때 이미 수녀가 되겠다는 결심을 했습니다. 그러나 어머니와 돌아가신 아버지를 생각하면 어찌할 바를 모르겠습니다. 제가 하느님으로부터 부름을 받을 만한 자격이 있는 사람인지도 모르겠고요. 너무도 혼란스럽습니다."

아그네스가 자라는 모습을 옆에서 지켜보았던 얌브렌코비치 신부는 아그네스의 결심이 하루아침에 세워진 것이 아니라는 것을 알고 있었다. 신부는 아그네스에게 남다른 힘이 있다고 느꼈다.

"더 열심히 기도해야 한다, 아그네스. 네가 정말로 원하는 것이 무엇인지 기도드리고 하느님께 모든 것을 맡겨라. 네가 진정으로 원하는 일이라면 네 앞길을 생각할 때 마음이 기쁘고 행복해질 것이다. 그것이 하느님으로부터 소명을 받았다는 증거란다."

곧 열여덟 살이 된다는 것, 앞으로의 진로를 결정해야 한다는 것은 아그네스에게 큰 부담이었다. 아그네스도 미래를 위태롭고 불안하게 여기는 보통 아이들 중 한 명이었다. 그러나 아그네스는 의

존적이고 나약한 소녀가 아니었다. 아그네스는 이미 강인한 정신력을 가진 어른으로 성장해 있었다.

아그네스는 얌브렌코비치 신부의 말씀을 마음에 새기고 기도를 하기 시작했다. 마음을 다해 자기의 소명이 무엇인지 탐색하고 하느님께 기도를 올렸다.

"하느님, 저는 나약하고 부족한 사람입니다. 그러나 제 삶을 가난하고 병든 사람들을 보살피는 데 헌신하고 싶습니다. 저에게 일할 능력을 주시고 저를 하느님의 도구로 써 주십시오."

혼자만의 시간은 값진 것이었다. 진땀을 흘리며 열심히 기도하는 가운데, 무엇인가 잔잔한 물결을 일으키며 아그네스의 마음으로 밀려왔다. 그것은 기쁨이었다. 행복이었다. 아그네스는 수녀가 되는 일 외의 자기 모습을 상상할 수도 없었으며, 수녀가 되어 하느님의 뜻에 따라 사는 것을 생각할 때 가슴이 벅차오르는 행복을 느꼈다.

'그래, 그것이 바로 나의 삶이다. 나의 소명이다.'

아그네스는 확신을 얻었고 조용히 눈물을 흘렸다. 아그네스는 예수님이 걸었던 고난의 가시밭길을 생각했다. 헐벗고 굶주린 모습으로 피를 흘리며 십자가에 못 박히신 예수님을 생각했다. 아그네스는 가장 가난한 자의 모습으로 가장 비참한 죽음을 맞이했던 그리스도의 모습을 생각하며 다짐했다.

"나의 희생, 나의 고난은 그리스도의 고통에 비하면 아무것도 아닙니다. 저는 그리스도를 섬기듯이 가난하고 불쌍한 사람들을 섬기며 살겠습니다."

그것은 기도 가운데 아그네스가 영혼 깊숙한 곳에서 들은 하느님의 말씀이기도 했다. 아그네스는 기도 속에서 하느님의 성스러운 부르심을 느꼈다.

아그네스는 그길로 집으로 달려왔다. 그러나 어머니에게 섣불리 말을 꺼내지 못했다. 어머니는 갓 태어났을 때처럼 붉게 상기된 아그네스의 볼을 보는 순간 가슴이 덜컥 내려앉는 것 같았다. 어머니는 아그네스가 뭔가 중요한 말을 꺼낼 것임을 직감했다.

모녀는 식탁에 마주 보고 앉았다. 아그네스는 긴장했지만 침착한 목소리로 말을 꺼냈다.

"어머니, 수녀가 되어 인도로 떠나고 싶습니다. 그곳에서 힘들고 병든 사람들을 위해 봉사하며 살겠습니다. 허락해 주세요."

어머니는 열두 살 때의 선언을 떠올렸다. 그런데 선교사가 아니라 수녀라니? 수녀가 된다는 것은 평범한 삶을 포기한다는 말이었다. 개인의 모든 것을 희생하는 것을 의미했다. 어머니는 항상 아이들에게 신앙 안에서 기도하고 봉사하며 살라고 가르쳤지만, 아이들이 수도자가 된다는 것은 생각해 본 일이 없었다. 더욱이 어머니는 어린 딸이 당시로서는 쉽게 갈 수 없는 나라였던 인도로 떠나길 원치 않았다. 아그네스와 헤어지고 싶지 않았고, 무엇보다 아그네스가 평범한 삶을 살아가기를 원했다. 그러나 이 아이는 다른 길을 가겠다고 한다. 평생 가난하게 살면서 자기 삶을 타인을 위해 바치겠다고 한다. 어머니는 아그네스의 눈에서 확고한 신념을 보았고, 어떤 말도 아그네스의 마음을 돌릴 수 없다는 것을 깨달았다. 어머니는 조용히 일어나 방으로 들어갔다.

아그네스는 굳게 닫힌 문을 보며 마음을 졸였다. 방문 안에서 어머니의 나직한 음성이 들리는 것 같기도 했다. 어머니는 홀로 눈물 흘리며 기도를 하고 있었다. 어머니는 밤이 깊도록 방에서 나오지 않았고, 뜬눈으로 밤을 지새웠다.

다음 날 어머니는 초췌한 모습으로 아그네스와 마주 앉았다. 그리고 아그네스의 손을 꼭 잡았다.

"그것이 주님의 뜻이라면 네 갈 길을 가거라. 너의 손을 하느님께 맡기고 그분과 함께 끝까지 걸어가거라."

"고맙습니다, 어머니."

아그네스는 어머니에게 와락 안겼다. 어머니는 가슴이 터지는 것 같았지만, 딸의 보드라운 머리를 쓰다듬어 주었다. 어머니는 딸과의 이별을 준비해야 한다고 생각하며 눈물을 흘렸다.

아그네스는 곧바로 인도로 갈 수 있는 길을 알아보았다. 어릴 때부터 예수회 사제들의 편지를 통해 수녀들의 활약에 대해서도 익히 알고 있었다. 수녀들은 로레토 수도회*에 속해 있었는데, 이곳 수도회에서는 수녀들을 각 나라에 파견하고 있었다. 아그네스는 망설임 없이 아일랜드에 있는 로레토 수도회에 지원서를 보냈다.

결과를 기다리던 어느 날, 오빠 라자르로부터 편지가 왔다. 라자르는 사관학교를 졸업하고 알바니아 국왕의 호위병으로 근무하고 있었다. 라자르 또한 여동생이 수녀가 되어 인도로 떠난다는 것에 충격을 받았다.

"아그네스, 그건 쉬운 일이 아니다. 고난의 길을 스스로 선택하다니 이해할 수 없구나. 어머니를 떠나 그렇게 멀리까지 가야만 하니? 수녀가 되지 않고서도 네 뜻대로 일할 수 있는 방법은 얼마든지 있다."

라자르의 편지에는 아그네스의 마음을 돌려 보려는 글들로 가득했다. 아그네스는 곧바로 오빠에게 답장을 보냈다.

"오빠, 저는 오랫동안 그 길을 위해 기도했습니다. 제가 선택한 것이 아니라 주님이 저를 선택하신 겁니다. 오빠는 백만 명의 백성을 다스리는 왕을 섬기세요. 저는 온 세상 사람을 다스리는 왕을 섬기겠습니다."

---

* 가톨릭에는 다양한 수도회가 있다. 로레토 수도회도 그중의 하나로, 아일랜드의 더블린에 본원이 있다. 로레토 수도회는 인도와 아프리카 등지에 수도자들을 직접 파견하여 활동적으로 봉사하는 수도회이다. 어릴 때부터 로레토 수도회의 활약상을 들으며 인도에서 봉사하는 꿈을 품었던 테레사는 자연스럽게 로레토 수도회에 입회했다.

아그네스의 답장에 라자르도 할 말을 잃고 믿었다. 그는 여동생이 이미 자기 삶의 방향을 결정했고, 뒤돌아보지 않을 것임을 알았다.

받아들이기 쉽지 않았지만 가족은 아그네스의 결정을 믿고 그를 진심으로 격려해 주었다. 어머니는 아그네스가 떠나는 그날까지 정성스러운 밥상을 차려 주었다.

"아그네스야, 무슨 일이든 너의 온 마음으로 정성을 다해야 한다. 그럴 자신이 없으면 시작할 생각도 하지 마라."

아그네스는 이 말을 어머니의 마지막 가르침으로 가슴속 깊이 새겨 두었고, 이 가르침에 따라 살려고 평생 노력했다.

아그네스에게 집은 소중한 공간이었다. 날마다 축제가 열렸던 집, 아버지를 잃었지만 행복한 웃음을 잃지 않게 해 주었던 집, 부모님이 만들어 준 따뜻한 가정. 이제 아그네스는 정든 집을 떠날 준비를 시작했다. 훗날 마더 테레사가 되어 많은 집들을 짓게 될, 수녀로서의 미래가 펼쳐질 미지의 땅으로.

집을 떠나 새로운 땅으로

아그네스는 이제 열여덟 살이 되었다. 앞으로 무엇을 할 것인지 결심은 서 있었다. 모든 것이 빠르게 진행되었다. 로레토 수도회의 본원은 아일랜드에 있었지만, 파리에 있는 로레토 수도회에서 수녀원장을 만나 면접을 치러야 했다. 로레토 수도회에서 봉사를 할 각오가 되어 있는지에 대한 면접이었다. 신앙심이 깊었던 아그네스는 면접에 어렵지 않게 통과했고, 곧바로 고향을 떠날 채비를 해야 했다.

어릴 때부터 함께했던 친구들과 이웃들은 아그네스가 떠나는 것을 무척 섭섭해하면서도 잘되길 기원해 주었다. 성모신심회와 성당 성가대의 친구들이 아그네스를 위한 송별 음악회를 열어 주었다. 교인들도 아그네스가 훌륭한 수녀가 되길 바라는 마음을 전했다. 아그네스는 그들과 함께 찬송을 불렀지만, 울먹해지는 것을 느꼈다. 어머니와 언니가 착잡한 표정으로 앉아 있는 것을 보았기 때문이었다.

마지막 며칠간 어머니와 언니와 함께했던 시간은 참으로 소중했다. 세 모녀는 밤이 깊어 가도록 지난날을 이야기하며 웃고 울었다. 아그네스는 어릴 때처럼 어머니의 손을 잡고 잠들었다. 그들은 시간이 얼마 남지 않았다는 것을 안타까워하며 서로를 보듬고 어루만졌다.

1928년 9월 26일, 아그네스는 수녀회 본원이 있는 아일랜드의 더블린으로 가기 위해 자그레브역으로 향했다. 어머니와 언니 외에도 성모신심회 친구들이 역까지 와서 아그네스를 배웅했다. 떠나는 순간을 수없이 생각해 왔지만, 막상 닥치니 실감이 나지 않았다. 기차를 타기만 하면 언제 돌아올지 기약할 수 없는 여행을 떠나게 되는 것이다.

"아그네스, 건강해야 한다. 항상 너를 위해 기도하마."

어머니는 아그네스를 꼭 껴안아 주었다. 참으려고 했지만 눈물이 나오는 것은 어쩔 수 없는 일이었다. 아그네스는 언니와 친구들과도 포옹으로 작별 인사를 했다. 아그네스는 기차에 올랐고, 열차는 서서히 출발하기 시작했다.

친구들이 손을 흔들었다. 그 틈으로 사랑하는 언니와 어머니가 눈물을 훔치고 있는 것이 보였다. 아그네스는 어머니가 기차를 따라 얼마간 뛰는 것을 보았다. 하지만 어머니의 모습은 너무 더뎌서 이내 작은 점으로 멀어져 갔다. 아그네스는 그것이 어머니의 마지막 모습임을 알지 못했다. 그것은 어머니와의 영원한 이별이었다. 아그네스는 모국어를 잊을 정도로 오랜 세월이 흘러서야 고향을 방문할 수 있었지만, 그때는 이미 어머니가 돌아가신 후였다.

아그네스는 덜컹거리는 기차를 타고 길고 힘든 여행을 해야 했다. 더블린으로 가는 길은 너무도 멀었다. 유고슬라비아, 오스트리아, 스위스, 프랑스까지 간 후에 배를 타고 나서야 영국에 들어설 수 있었다.

"인도까지는 또 얼마나 먼 길을 가야 하는 걸까?"

한숨이 나왔다. 아그네스는 함께 여행하는 수녀 지망생들과 이야기를 나누거나 성경을 읽고 기도를 하면서 지루한 시간을 견뎌 냈다. 이제 자기 삶에 여행이 중요한 부분이 될 것임을 받아들이면서.

드디어 더블린에 도착했다. 그곳 로레토 수도회의 본원에서 6주간 인도에서 사용할 영어와 수도회의 규칙들을 배우게 되어 있었다. 아그네스는 검은 수녀복을 입고 예비 수녀로서의 생활을 시작했다. 수녀가 되기로 결심하고 집을 떠난 것은 아주 작은 시작에 불과했다.

수녀가 되기 위해서는 오랜 시간 엄격한 수련을 해야 한다. 수련을 하면서 자신이 수녀로서의 소명을 수행할 수 있는지를 되돌아보게 된다. 그런 후에야 종신서원*을 통해 남은 평생을 수녀로서 살겠다는 맹세를 하고 진짜 수녀가 되는 것이다.

아그네스는 6주간의 영어 공부를 끝내고 본격적인 수련을 위해 1928년 12월 1일에 인도로 떠났다. 기차와 배를 갈아타며 37일의 낮과 밤을 달리는 고된 여행이었다. 열여덟 살의 예비 수녀는 새로운 삶이 기다리는 땅을 그려 보았다. 어린 시절부터 품어 왔던 인도라는 황톳빛 땅은 점점 가까이 다가오고 있었다. 그곳에서의 삶이 어떻게 펼쳐질지 아그네스는 짐작할 수 없었다. 그러나 아그네스는 푸른 바다를 바라보며 마음의 평화를 느꼈고, 전혀 두렵지 않았다. 몸이 왜소하고 허약한 소녀였지만, 아그네스는 겁이 많은 사람이 아니었다.

'나의 뒤에는 항상 하느님이 계시고, 그분이 나를 지켜 주실 거다.'

겨울밤의 바다에서는 매서운 바람이 불어오고 있었다. 아그네스는 그 서늘함이 참 아름답다고 생각했다. 그 바람이 곧 따뜻한 나라

---

* 2년간의 수련 기간 후에 하느님께 수도자가 되겠다는 맹세를 하는 것을 서원이라고 한다. 첫 서원 후 매년 새롭게 서원을 하는데, 6년 후에는 계속 수도자의 길을 갈 것인지를 결정하게 된다. 최종적으로 평생 수도자로 남겠다는 서원을 하는 것을 종신서원이라고 한다.

로 아그네스를 데려다줄 것이었다.

아그네스가 집을 떠나면서 시작한 일은 일기를 쓰는 것이었다. 수녀 생활에서 글쓰기는 하나의 중요한 일과가 되었다. 아그네스는 자신의 소명을 잊지 않고, 항상 자기를 돌아보기 위해 틈틈이 자기 생각을 기록하였다.

아그네스는 배 위에서 크리스마스를 맞았다. 그리고 1929년 1월 6일 드디어 인도의 캘커타('콜카타'의 전 이름)에 도착했다. 어릴 때 말로만 듣던 벵골 지방에 마침내 도착한 것이었다. 이날은 예수님의 탄생을 축하하기 위해 동방박사가 베들레헴으로 찾아온 날로 가톨릭에서 예수공현축일*로 기념하는 날이었다. 아그네스는 이날 인도에 도착했다는 것을 의미 있게 생각했다. 아그네스는 일기에 기록을 남기고 매해 인도에서의 첫 마음을 되새겼다.

캘커타에서 얼마 있지 않아 아그네스는 수련을 위해 다르질링으로 떠나야 했다. 캘커타에서 북쪽으로 오랜 시간을 달려야 하는 여행이 또 시작된 것이었다. 다르질링은 히말라야산맥에 있는 곳으로 여름에도 무척 선선했다. 그래서 여름이면 벵골의 수도 역할을 하는 곳이었다.

다르질링으로 가는 기차 안에서 아그네스는 다시 한번 각오를

---

* 동방박사가 예수의 탄생을 축하하기 위해 베들레헴에 도착해서 예수님을 만나 인사를 드린 날을 기념하는 날이다.

다지며 마음의 준비를 했다. 아그네스는 고향 집을 작은 그리움으로 가슴속에만 담아 두었다. 자그레브역에서 기차를 타고 고향을 떠나기 전까지의 삶이 까마득하게 느껴졌다. 인도에 있는 이 순간만이 현실로 느껴졌다. 아그네스는 그렇게 집으로부터 점점 멀어지고 있었다.

다르질링의 겨울은 아름다웠다. 히말라야가 '눈의 거처'라는 뜻의 고대 산스크리트어라는 것에 절로 고개가 끄덕여졌다. 가파른 히말라야산맥이었지만 수북이 쌓인 눈 때문인지 따뜻하고 부드러운 느낌으로 다가왔다. 아름답고 쾌적한 환경 때문에 여름이면 후텁지근한 인도 대륙을 피해 오는 사람들이 많았다. 여름이면 도시는 영국인들과 부유한 인도 귀족들로 가득 찼고 날마다 파티가 벌어졌지만, 수도원에서의 생활은 그것과는 전혀 무관했다. 수도 생활은 시간표에 따라 진행되었는데, 무척 바쁜 하루를 보내야 했다.

수녀가 된다는 건 쉬운 일이 아니었다. 수련생들은 새벽부터 일어나 하루 종일 기도와 봉사로 시간을 보냈다. 그리고 매일 두 시간씩 가난한 아이들을 가르쳤고, 언어 공부도 열심히 했다. 아그네스는 아무리 작은 일이라도 충실하게 해냈다. 그는 다른 것은 전혀 생각하지 않았다. 인도에 관한 것이라면 무엇이든 열심히 공부했다. 영어와 벵골어, 힌디어를 날마다 중얼거리며 다녔고, 꿈에서도 연습할 정도였다.

"밤마다 어학 공부하느라 몹시 피곤하겠어요."

수련 생활을 함께하며 절친하게 지내던 부린 수녀가 놀라곤 했다.

지치고 힘들 때도 있었지만 아그네스는 그만두고 싶다는 생각은 하지 않았다. 쉽게 포기할 거라면 처음부터 떠나오지 않았을 것이다.

아그네스는 한 달이 지났을 때 고향의 어머니와 언니에게 편지를 썼다.

긴 여행을 아무 탈 없이 무사히 마치고 예비 수녀로서의 수련을 시작했습니다. 모든 게 낯설고 어색하지만, 부지런히 생활하고 있습니다. 이곳에서 어머니 말씀대로 온 마음을 다해 일할 수 있도록 기도해 주세요.

아그네스는 편지 속에 인도에서 찍은 사진도 동봉했다. 온몸을 검은 옷으로 둘둘 말고 있는 모습이었지만, 앳된 얼굴에 소녀다운 발랄함을 잃지 않은 모습이었다.

어머니는 편지와 사진을 보며 이제 자신의 딸이 아닌 인도에서 수녀로서 살아갈 아그네스를 만났다. 어머니는 더는 떠난 딸을 보지 못한다는 것에 상심하지 않기로 했다.

"그 애는 용감하니까 잘 해낼 거예요. 이제 아그네스는 수녀님이 될 사람인걸요."

아가가 말했다.

"그래, 이제 아그네스는 우리 집 막내가 아닌 것 같구나."

어머니는 사진 속에서 밝게 웃는 아그네스를 보며 안심했다. 어머니는 딸을 위해 할 수 있는 일은 기도뿐이라고 생각했다.

2장
부르심 속의 부르심

테레사 수녀가 되다

2년에 걸친 수련 기간이 끝나고, 1931년 5월 25일 아그네스는 첫 서원을 하게 되었다. 서원은 경건하고 아름다운 의식이었다. 천사의 음성 같은 찬송가가 울려 퍼지는 가운데, 예비 수녀들은 깨끗한 수녀복을 입고 제단 앞에 무릎을 꿇었다. 이것은 수도자들에게 결혼식과 같은 의미 있는 행사였다.

청빈, 정결, 순명.

수녀가 되려면 이 세 가지 서약을 해야 했다. 평생 자기 것을 가지지 않고 가난하게 살며, 몸과 마음을 깨끗이 할 것이며, 하느님께 순종하고 그 뜻을 따른다는 맹세였다.

수도명*은 수도 생활을 하면서 본받고 싶은 성인의 이름을 본떠

정하게 되어 있었다. 아그네스는 예수의 작은 꽃이라 불리는 소화(小花) 테레사를 존경하고 있었다. 또 다른 테레사와 구분하기 위해 '리지외의 테레사'라고 불리는 성인이었다. 소화 테레사는 프랑스 사람으로 24세의 젊은 나이에 결핵으로 세상을 떠난 수녀였다. 소화 테레사는 매일 일기를 썼는데, 이 일기는 그가 죽은 후 사람들에게 많은 감동을 주었다. 소화 테레사는 큰 업적을 남겨서 존경받는 인물이 아니었다. 평범한 일상 속에서 사랑을 실천하려고 노력했던 사람이었다. 아그네스는 소화 테레사와 같은 삶을 살고 싶었고, 테레사라는 이름을 받기로 했다. 아그네스 또한 생활 속의 작은 실천으로 깊은 사랑을 가꾸는 수녀가 되고 싶었고, 이 첫 소망을 깊이 간직했다.

아그네스는 청빈, 정결, 순명의 서약을 하고 테레사라는 수도명을 갖게 되었다. 아그네스 곤자 보야주라는 이름은 이제 어릴 때의 추억 속에 묻었다. 이제 아그네스는 테레사 수녀로 다시 태어난 것이다.

테레사는 캘커타의 동쪽 엔탈리 지역의 로레토 수도원으로 파견되었다. 아그네스는 기차를 타고 캘커타에 도착했다. 인도의 심장에 들어선 것이었다. 1930년대의 캘커타는 더럽고 가난한 도시였

---

* 신부, 수녀, 수사 등이 되어 수도 생활을 할 때 지금까지 사용하던 이름 대신 수도자로서 갖게 되는 이름이다.

다. 고색창연한 건물들이 늘어서 있었지만, 거리는 음울한 분위기가 풍겼고 어디에나 소음과 고약한 냄새로 가득했다.

"이것이 말로만 듣던 인도의 현실이구나."

날씨까지 후텁지근해서 온갖 악취가 땀에 끈끈하게 달라붙는 것 같았다.

수도원은 캠커타와는 별개의 존재였다. 그곳의 높은 담장 안에는 잘 가꾸어진 뜰과 예스러운 건물들이 늘어서 있어 고풍스럽고 아름다웠다. 조용하고 평화로운 이 공간은 수도 생활을 하기에는 좋았지만, 바깥세상과는 너무도 동떨어져 있었다. 테레사가 수도원의 철문으로 들어서자, 높디높은 철문은 곧 굳게 닫혔다.

처음 맡은 임무는 그곳 성 마리아 여학교에서 지리와 역사 교사로서 학생들을 가르치는 일이었다. 부잣집 딸들이 많았지만, 가난한 집의 딸들도 있었다. 그들은 모두 수녀들과 같이 수도원 내의 기숙사에서 생활했다.

'인도의 여성들을 가르치면, 그들이 인도를 변화시킬 것이다.'

새로운 소망을 품은 테레사는 가르치는 일에 열중했다. 무엇보다 아이들을 가르치는 일이 무척 즐거웠다. 수녀들은 새벽같이 일어나 미사를 드리고, 아침 9시 30분부터 오후 3시까지 성 마리아 학교의 수업을 했다. 아침저녁으로는 로레토 수도원에서 운영하는 고아원의 어린아이들을 돌보는 시간을 가졌다. 땀 흘리고 수고하며 보낸 긴 하루는 미사와 기도로 마감했다. 단조롭고 평화로운 일상이었지만, 단 하루도 같은 날이 없었다. 산다는 건 테레사에게 늘 새로운 사건이었다. 테레사는 매사에 신바람 나게 일했다.

"수녀님은 세상에서 제일 행복한 수녀님일 거예요."

주변에서 모두 인정하는 신바람이었다. 많은 사람들이 테레사에게서 좋은 인상을 받았다. 테레사는 누구보다 밝은 모습으로 부지런히 일하는 수녀였다.

"저는 기도하는 것도 즐겁고, 가르치는 것도 무척 즐겁습니다. 좋아하는 일을 하니까 에너지가 넘치는 것 같아요."

테레사는 웃음을 잃지 않았다. 소망은 현실로 나타났다. 성 마리아 학교의 학생들은 졸업 후 사회에 나가 다양하고 전문적인 활동을 하면서 인도를 위해 일했다. 학교에서의 교육은 값진 것이었다.

수도원 내에서의 생활은 시간표에 따라 하루 종일 엄격한 규율 속에서 진행되었다. 테레사는 최선을 다해 수도원 생활을 했지만, 항상 마음속에 짐을 안고 있었다. 가난한 사람들 곁에서 그들과 함께해야 한다는 소명 의식 때문이었다. 수도원에서도 충분히 많은 일을 했지만, 그것만으로는 부족함을 느꼈다.

그러던 어느 날 테레사는 성 테레사 학교에 파견되어 기독교 교리를 가르치는 일을 맡게 되었다. 성 테레사 학교에 가기 위해서는 수도원 밖으로 나가는 것이 불가피했다. 테레사는 닫혀 있던 수도원 철문을 열고 인도의 적나라한 현실 속으로 발을 내딛었다.

아름다운 수도원의 높은 담 너머에는 또 다른 세상이 있었다.

캘커타의 빈민가는 그야말로 아비규환의 현장이었다. 병든 사람들이 오물이 흘러가는 길목에 누워 있었고, 아이들은 배고픔으로 일그러진 얼굴을 하며 울어 댔다. 찌는 듯한 더위와 배고픔으로 기진맥진해진 노인이 파리가 세까맣게 달려드는데도 무기력하게 앉아 있는 모습도 보았다. 그곳은 가난과 비참함 그 자체였다. 테레사는 그들을 돌보지 못한다는 자책감에 마음이 무거웠다.

테레사는 얼마 후 종신서원을 하게 되었다. 1937년의 일로 그의 나이 27세가 되던 해였다. 종신서원은 수도자가 평생을 하느님께 바치고 죽는 날까지 수도자로서 책임을 다하겠다고 서약하는, 수도자에게는 가장 뜻깊은 의식이었다. 테레사는 첫 서원을 했을 때와 마음이 달라지지 않았다. 수녀로서 남은 인생을 헌신할 각오가 되어 있었고, 다른 가능성은 어떤 것도 생각해 보지 않았다.

"주님의 손을 잡고 끝까지 그 길을 함께 가겠습니다."

테레사는 어머니가 당부한 말을 되새겼다. 집을 떠난 지 10년째가 되었지만 한순간도 잊어 본 적이 없는 말이었다. 테레사는 종신토록 수녀로서 살겠다고 하느님과 많은 수도자들 앞에서 맹세했다.

종신서원을 한 후 테레사는 27세의 나이로 성 마리아 학교의 교장이 되었다.

전쟁과 배고픔의 땅, 인도

1939년 9월, 제2차 세계대전이 발발했다. 다시 세상은 전쟁으로 고통받고 있었다. 열강들이 서로의 정치적인 이익을 위해 싸우는 틈에서 불쌍한 사람들이 안타깝게 죽어 갔다. 세계 곳곳에서 총성과 폭발음이 진동했다. 매캐한 화약 냄새가 진동하는 가운데 많은 사람들이 자기 가족을 잃었다.

발칸반도와 마찬가지로 인도도 또 다른 슬픈 역사의 현장이었다. 문명의 발상지로 찬란한 역사를 꽃피웠던 인도였지만, 19세기부터 전 세계적으로 제국주의가 확산되면서 영국의 지배를 받기 시작했다. 또 힌두교와 회교(이슬람교)가 오랫동안 종교적으로 대립하고 있었다. 숱한 분쟁으로 사람들이 죽어 갔다. 영국인들에 의한 무차별 학살을 계기로 독립운동이 진행되고 있는 곳이기도 했다.

테레사는 인도가 또 다른 고향임을 느꼈다. 발칸에서의 슬픈 기억들이 인도의 곳곳에 스며들어 있는 것 같기 때문이었다.

제2차 세계대전이 점점 격렬해지면서 인도는 고통을 피해 갈 수 없었다. 엔탈리의 로레토 수도원은 영국의 야전병원으로 지정되었다. 테레사와 수녀들의 생활도 달라졌다. 수도원은 금세 부상당한 병사들과 피난민들로 가득 찼다.

엎친 데 덮친 격으로 벵골 지방에 대기근이 발생했다. 바싹 메마른 하늘에서는 비 한 방울 떨어지지 않았고, 황톳빛 대륙은 가뭄에 쩍쩍 갈라졌다. 애써 가꾼 농작물도 바싹 타 버렸다. 땅은 풀 한 포기 자라지 않는 척박한 대지가 되어 버렸다. 이것은 전쟁보다 더 무서운 재앙이었다.

농민들은 집을 버리고 캘커타로 모여들기 시작했다. 캘커타 시는 대기근에 삶의 터전을 잃고 하루아침에 부랑자가 된 농민들과 아이들로 득실거렸다. 도시는 사람들로 발 디딜 틈 없이 꽉 차고 말았다.

1943년 10월, 캘커타의 모습은 충격적이었다. 오랜 굶주림으로 말라비틀어진 육체를 가진 사람들이 거리 곳곳에 누워 있었다. 이들은 살아 있는 시체와 다를 것이 없었다. 젖이 말라 버린 어머니는 뼈를 드러내고 죽어 가는 아기를 위해 할 수 있는 일이 아무것도 없

었다. 부모들은 연약한 나뭇가지 같은 아이들의 죽음을 지켜보았다. 아이들 역시 미라처럼 바스러질 듯한 부모 곁에서 조용히 배고픔을 견뎠다. 대기근은 캘커타를 비참한 절망의 도시로 만들었다. 상상을 초월한 배고픔의 도시였다. 고통으로 일그러진 사람들의 눈동자에선 희망이 사라진 지 오래였다.

대기근 때 길 위에서 죽은 사람이 2백만이 넘었다. 이와 같은 캘커타의 비극은 잔인할 정도로 생생한 사진으로 찍혀 세계 언론에 보도되었다. 충격을 받은 각국의 사람들이 원조의 손길을 보내왔지만, 기아로 인한 죽음으로부터 인도인들을 구해 내기에는 역부족이었다. 인도인들은 전쟁과 배고픔이라는 이중고를 겪으며 힘겨운 나날을 살아갔다.

제2차 세계대전은 6년 만에 끝이 났다. 그러나 종교 분쟁으로 인도는 계속 전쟁에 시달려야 했다. 캘커타시는 다시 피비린내로 가득 찼다. 힌두교와 이슬람교 간의 싸움이 최악의 국면으로 치달으면서, 거리에서 유혈 사태가 발생했던 것이다. 종교가 다르다는 이유로 죽고 죽이는 무서운 싸움이 나날이 계속되었다. 집단 광기라고밖에 말할 수 없는 폭력이었다. 누구든 길을 가다가 이유 없이 몽둥이에 맞아 죽을 수도 있는 위험한 상태였다.

길 위에 죽은 사람들이 아무렇게나 널브러져 있었다. 새들이 시체를 쪼아 먹는 끔찍한 풍경도 목격되었다. 도시는 완전히 마비되었고, 정부에서는 캘커타 시내에 아무도 들이디니지 못하도록 조치를 취했다.

로레토 수도원에서는 오랫동안 식량을 공급받지 못하고 있었다. 수도원 내에서도 기근 현상이 심각했다. 기숙사의 아이들은 오랫동안 굶주리고 있었다.

"교장 수녀님, 이러다 아이들이 큰일 나겠어요."

수녀들의 걱정이 이만저만이 아니었다.

"아이들이 굶어 죽는 것을 두고 볼 수만은 없어요. 내가 어떻게든 해 보겠어요."

테레사는 아이들을 위해 거리로 나서야 했다. 수녀들의 걱정에도 불구하고 테레사는 수도원 문을 겁 없이 나섰다.

도시는 완전히 마비되어 있었다. 군인들이 폭동을 진압하기 위해 도시 곳곳에 배치되어 있었다. 사람들이 모두 집 안에 꼭꼭 숨어 있는 탓에 거리는 한산한 편이었다. 그 위험한 거리를 테레사는 안타까운 심정으로 걷고 있었다. 인도의 슬픔이 언제쯤 끝날지 가늠할 수가 없었다.

그때 군인들로 꽉 찬 트럭이 테레사 앞을 가로막았다.

"수녀님, 정부에서 외출 금지령을 내린 걸 모르고 계십니까? 거리를 다니다가 목숨을 잃을 수도 있습니다."

우두머리인 듯한 군인이 딱딱한 목소리로 말했다.

"알고 있습니다. 위험한 것은 제 눈으로 똑똑히 보았습니다. 하지만 기숙사에는 300명의 어린 학생들이 굶주리고 있습니다. 아이들이 죽을지도 모릅니다. 어떻게든 먹을 것을 구해야 합니다."

테레사는 단호하고 당당했다.

군인은 놀란 얼굴이었다. 총부리 앞에서도 무서울 것이 없이 당당한 수녀의 모습이 군인의 마음을 움직였다.

"좋습니다. 우리가 쌀을 수도원까지 가져다드리지요."

그것은 작은 기적이었다. 쌀은 턱없이 부족했지만 테레사는 그것으로 죽을 쑤어 굶주림에 지친 아이들을 먹여 살릴 수가 있었다.

1947년 8월 15일, 인도는 드디어 영국으로부터 독립했다. 마하트마 간디*의 비폭력 무저항주의를 바탕으로 한 독립 투쟁이 결실을 이루는 순간이었다. 비폭력은 힌디어로 '아힘사'라고 말한다. 간디는 "비폭력은 악을 행하는 사람에게 복종하는 것이 아니라 폭력자에게 온 영혼을 던지는 것"이라고 말했다. 그는 가난한 자의 옷을 입고 물레를 돌리면서 인도의 독립을 위해 투쟁한 인도의 영웅이었다.

그러나 독립의 감격도 오래가지 못했다. 종교 분쟁으로 인해 대

---

* 인도의 민족운동의 지도자로서 영국의 식민지였던 인도의 독립을 위해 투쟁했다. 그는 비폭력 무저항주의로 독립운동을 펼쳤으며, 인도의 자립 경제를 위해 손수 물레를 돌렸던 지도자였다.

륙은 힌두교 국가인 인도와 이슬람교 국가인 파키스탄으로 나뉘고 말았다. 사람들은 다시 삶의 터전을 버리고 이주를 해야 했다. 인도에 살고 있던 이슬람교도들은 파키스탄으로 가야 했고, 파키스탄에 살고 있던 힌두교도들은 인도로 가야 했던 것이다. 6백만에 달하는 사람들이 이동하는 민족의 대이동이었다. 사람들은 짐을 이고 지고 걸어서 국경을 넘어야 했다. 서로의 자리를 찾아 이동하는 도중에 많은 충돌이 일어났고, 50만 명의 사상자가 생겼다. 인도 대륙의 분리는 엄청난 상처를 남겼고, 이로 인한 문제는 훗날 중국이나 파키스탄과의 국경분쟁으로 이어졌다. 이 와중에 분리 독립을 반대하던 마하트마 간디가 힌두교도에 의해 살해되었다.

인도는 아수라장이었다. 테레사가 있는 캘커타에는 이주해 온 사람들의 판자촌이 즐비했다. 이들은 불결한 환경에서 씻지도 먹지도 못하고 하루하루를 버텨야 했다. 키플링이라는 영국의 소설가는 캘커타를 '가공할 밤의 도시'라고 표현했고, 이것은 그 당시 캘커타의 비참함을 상징하는 말이 되었다.

테레사에게도 큰 변화가 생겼다.

새벽부터 일어나 하루를 바쁘게 사는 생활은 테레사의 건강을 악화시켰다. 전쟁과 수많은 분쟁을 겪으면서 수도원의 일이 너무 많아졌기 때문이었다. 로레토 수도원에서는 전쟁 중에 부상당한 병사들과 난민들을 돌보았다. 정신없이 지내는 와중에 테레사는 자신의 건강을 챙기지 못했던 것이다.

마침내 테레사는 로레토 수도회로부터 대피정을 떠날 것을 권유받았다. 피정은 수도자들이 활동을 접고 쉬면서 기도를 통해 자기 반성을 하는 휴식을 말한다. 일종의 긴 휴가라고 할 수 있었다.

테레사는 다르질링으로 가는 기차를 탔다.

'인도는 눈물의 땅이구나. 상처받고 아픈 사람들이 너무도 많아.'

히말라야산맥의 아름다운 풍경도 그 안에 설움을 간직한 것처럼 보였다. 이제 테레사의 나이는 30대 후반에 접어들었다. 10대에 인도로 와서 하루도 편히 쉴 날 없이 바쁘게 사느라 세월이 이만큼이나 흘렀는지도 몰랐다.

'원대한 꿈을 품고 인도로 왔는데, 그동안 내가 이룬 것이 많지 않구나.'

테레사는 매일 충실히 살아왔지만 마음속이 허전한 것을 감출 수가 없었다. 인도에 파견된 수녀로서 인도의 여성들을 교육시키고, 인도를 위해 분주하게 움직였지만 어쩐지 정지되어 있다는 느낌이 들었다. 테레사는 더 많은 사람들을 만나고 싶었고, 그들을 직접 찾아 나서고 싶었다. 테레사는 기도했다. 열두 살에 먹었던 첫 마음으로.

'하느님, 수많은 세월이 지났습니다. 저는 수녀로서 충실하게 살아왔습니다. 그런데 마음속에 흡족함이 없습니다. 제가 하느님의

소명을 다하지 못했다는 생각에 답답할 뿐입니다. 저는 이제 어떻게 해야 합니까?'

간절한 기도 중에 테레사는 가슴속에서 분명한 소명을 느꼈다.

"너는 그리스도를 섬기듯이 가난한 사람들을 섬겨라. 가난한 사람들 중에서도 가장 가난한 사람들 곁으로 가라."

그 메시지는 너무도 선명해서 테레사는 온몸을 떨었다. 환각이 아니었다.

'그래, 너무 오랫동안 망설여 왔어. 내가 할 일을 분명하게 알고 있었는데도 말이야. 나는 가난한 사람들 곁으로 가야 해.'

테레사는 이날의 일기에 그녀가 느낀 소명을 분명하게 써 놓았다. 1946년 9월 10일, 테레사는 이날을 '영감의 날'이라고 불렀다. 마음속에 분명한 소명과 미래에 대한 영감이 새겨진 날이었고, 용기를 가지고 결심한 날이었기 때문이다.

수녀가 되라는 것이 첫 번째 부르심이었다면, 가난한 사람들 곁으로 가라는 것은 두 번째 부르심이었다. 테레사는 피정 가는 길에서의 경험을 '부르심 속의 부르심'이라고 불렀다. 테레사는 다르질링에서 피정하면서 더욱 열심히 기도했다. 그리고 하느님의 부르심과 앞으로의 소망에 대해서 글을 쓰면서 용기를 다졌다.

드디어 움직일 때가 왔다.

두 번째 떠남

　테레사는 건강을 추스르고 피정에서 돌아오자마자 판 엑셈 신부를 만났다. 판 엑셈 신부는 벨기에 사람으로 로레토 수도원에서 늘 테레사를 이끌어 주었던 신부였다. 그는 어려운 일이 있을 때마다 테레사에게 도움을 주고 영적으로도 큰 가르침을 주었다.

　"신부님, 수도원을 떠나 세상으로 나가겠습니다. 가난한 사람들 틈에서 그들과 함께 부대끼면서 살고 싶습니다."

　하느님을 사랑하고 충실하게 일하는 수녀들 가운데 하나인 테레사였기에 그의 고백은 놀라운 것이었다.

　"수녀이길 포기한다는 말입니까?"

　판 엑셈 신부가 말했다.

"수녀가 아닌 저를 생각해 본 일이 없습니다. 저는 평생 수녀로 살겠다고 맹세한 사람입니다."

테레사는 사명감에 넘치고 있었다.

"수녀들은 수도원 밖으로 나가 혼자 행동할 수 없다는 걸 잘 아시지 않습니까?"

판 엑셈 신부는 난처할 수밖에 없었다. 수도원에 있으면서 인도가 어려운 상황에 처할 때마다 충분히 자기 몫 이상을 해냈던 테레사였다. 로레토 수도원의 수녀들과 함께 가난한 사람들을 위해 애써 왔다.

"당신은 존경받는 교장 수녀이고 헌신적인 수녀입니다. 수녀님은 충분히 최선을 다했고 많은 일들을 하셨습니다. 그런데 왜 수도원을 나가겠다는 것인지 모르겠군요."

판 엑셈 신부는 걱정이 앞섰다. 테레사는 수녀이기 전에 아주 작고 연약한 사람이었기 때문이다. 세상에 혼자 나가는 것은 위험한 일이었다. 게다가 수도자로서의 규율을 어기는 일은 불가능했다.

"물론 수도원에서도 많은 일을 할 수 있다는 것은 압니다. 17년간 수도 생활하면서 수도원을 떠나야 나의 소명을 이룰 수 있다고 생각한 적은 없었으니까요. 피정 기간 동안 저는 하느님의 부르심을 분명히 들었습니다. 저는 두 발로 가난한 사람들이 있는 곳이면 어디든지 가고 싶습니다. 그러기 위해선 자유가 필요합니다."

테레사는 판 엑셈 신부에게 피정 기간에 쓴 글들을 보여 주었다. 신부는 그 글에 깊은 감동을 받았다. 하루아침에 정해진 생각이 아님을 분명히 알 수 있었기 때문이었다. 그것은 오랜 세월 수녀로서의 역량을 다진 후에 내린 일생일대의 결정이었던 것이다.

판 엑셈 신부는 그때부터 테레사가 소명을 다할 수 있도록 적극적으로 돕겠다고 마음먹었다. 그러나 난감한 일이었다. 수녀가 수도원을 떠나 혼자서 수녀인 채로 일하겠다는 것은 엄청난 돌발 선언이었다. 판 엑셈 신부는 테레사가 뜻을 이루는 데 어려움이 많을 것이라 생각하고, 우선 캘커타의 대주교를 찾아가 상의했다.

"인도는 무척 위험한 곳입니다. 정치적으로나 종교적으로도 무척 위태로운 상황입니다. 가톨릭은 소수의 종교인데, 가톨릭의 수녀가 그 거리를 헤맨다니요. 게다가 테레사 수녀님은 외국인이 아닙니까? 아무도 수녀님을 보호해 주지 않을 것입니다. 교황청에서도 허락하지 않을 거요."

대주교도 놀라움을 금치 못했다.

"저도 잘 압니다. 그러나 테레사 수녀의 의지가 너무도 확고합니다. 수녀님은 무척 용감한 결정을 하셨습니다. 우리가 그분을 도와야 합니다."

판 엑셈 신부가 설득했다.

"그러면 거리에 나가 활동하는 '성 안나회'로 가는 건 어떨까요?

테레사 수녀님이 원하는 일을 하고 있는 곳입니다."

대주교가 내놓은 대안은 그러했다. 판 엑셈 신부가 돌아와 테레사에게 이야기를 전했을 때, 테레사는 그게 좋은 방법은 아니라고 생각했다. 테레사는 안전한 수도원에서 살면서 몇 시간 동안만 거리로 나가 봉사하는 것은 원치 않았다. 그는 가난한 사람들과 똑같은 옷을 입고 똑같이 굶주리면서 그들과 가족처럼 함께 살기를 원했다.

'내가 원하는 일을 하기가 이렇게 힘들구나.'

거리로 나가는 것은 쉽지가 않았다. 판 엑셈 신부는 수많은 사람들과 의논하고 길을 찾기 위해 노력했다. 돌발 선언을 한 수녀가 테레사라는 것은 비밀에 부치고서 말이다.

앙리 신부는 그 일을 긍정적으로 생각했다. 그 또한 하느님의 부르심을 받고 신부가 되어 인도로 온 사람이었다. 그는 캘커타의 슬럼에서 살겠다고 선언한 수녀가 있다는 사실에 흥분하기까지 했다.

"정말 훌륭한 생각입니다. 지금 캘커타에는 그런 사람이 많이 필요합니다. 저는 오늘부터 그 멋진 수녀님을 위해 기도할 겁니다."

페리에 대주교는 이 골치 아픈 사건을 어떻게 처리해야 할지 고민이 되었다. 판 엑셈 신부는 반복해서 테레사 수녀의 소명에 대해 말했다.

"대주교님, 그것은 하느님의 부르심이고 하느님의 뜻입니다. 그 수녀님은 분명 하느님의 뜻을 온전하게 행하실 분입니다. 우리가 수녀님을 도와야 합니다."

판 엑셈 신부는 열변을 토했다.

"대주교인 내가 하느님의 뜻을 모르는데, 젊은 신부님은 그것을 알고 있단 말인가?"

대주교는 엑셈 신부가 젊다는 이유로 지나치게 앞서가는 것이 아닌가 걱정되었다. 그러나 판 엑셈 신부는 믿을 사람이 대주교뿐이라고 생각했고 더욱 애를 썼다. 페리에 대주교는 테레사 수녀를 만나서 직접 이야기를 듣고 싶어 했다.

테레사 수녀에 대한 첫인상은 무척 작은 여인이라는 정도였다.

'어떻게 저렇게 약해 보이는 수녀가 그와 같은 생각을 했을까?'

페리에 대주교는 테레사로부터 깊은 인상을 받았고, 테레사의 생각이 얼마나 확고한가도 알게 되었다. 드디어 페리에 대주교는 테레사에게 로레토 수도회의 총장에게 편지를 써도 좋다는 허가를 냈다.

길은 아직도 까마득했다. 뜻을 전하는 편지를 쓰고 총장의 허가와 교황청의 허가를 기다려야 했다. 테레사는 로레토 수도원의 수녀로서 충실하게 하루를 보내며 밤이 깊도록 잠들지 않고 기도를 했다.

1948년 8월, 드디어 교황청으로부터 허가서가 왔다. 그것은 '수도원 외 임시 거주 허가증'이었다. 다음과 같은 조건이 있었다.

수녀로서의 신분을 지키며 살 것, 1년 동안 아무런 성과가 없다면 다시 수도원으로 돌아올 것.

이것은 교황청으로서는 엄청난 사건이었다. 300년 전에 한 수녀가 이와 같은 청원을 했지만, 허락받지 못한 일이 있었다. 곧 로레토 수도회의 모든 사람들이 이 사건을 알게 되었다. 엔탈리의 로레토 수도원에서도 많은 수녀들이 이 소식에 놀라움을 감추지 못했고, 진심 어린 격려를 보내 주었다.

일단 허가가 내려지자 모든 일이 빠르게 진행되었다. 테레사는 20일 후 수도원을 떠날 수 있게 되었다.

떠나기 전 테레사는 판 엑셈 신부에게 앞으로 입을 수도복에 축복을 해 줄 것을 부탁했다. 그 자리에는 로레토 수도원의 원장 수녀도 함께했다. 원장 수녀는 계속 눈물을 흘렸고, 판 엑셈 신부는 조용히 기도를 했다. 푸른색 줄무늬가 그려진 흰색 사리 세 벌과 샌들이 전부였다. 사리는 인도인들이 입는 옷으로 테레사는 유럽의 수녀들이 입는 검은 수도복을 벗고 인도인들과 똑같은 옷을 입기로 했던 것이다.

그날 밤 테레사는 다른 수녀들이 잠든 사이에 수도원 문을 나섰다. 사리를 입은 테레사는 이미 인도인이 된 것처럼 보였다. 짐이랄 것도 없는 작은 가방을 들고 있었다. 가방 안에는 사리와 샌들, 그리고 성경과 십자가, 일기장이 전부였다. 그것은 평생 그가 소유할 수 있는 최대한의 물건이 될 것이었다. 테레사는 잠시 외출하는 사람처럼 가벼운 차림새로 세상으로 나왔다.

그의 나이 38세 때였다. 무언가 새로운 생활을 시작하기에는 늦은 나이일 수도 있었다. 이미 오랜 세월 수도원 내에서 쌓아 온 경력도 있었고, 앞으로 얼마든지 안성된 생활을 하며 수녀 생활을 할 수 있었을 것이다. 그러나 테레사는 38세의 나이에 새로운 삶을 택했다. 지나온 모든 것을 버리는 용감한 행동이었다.

테레사는 처음 수녀가 되기 위해 집을 떠났을 때의 일이 생각났다. 이것은 두 번째로 집을 떠나는 일이었다. 조금 겁나기도 했지만, 마음은 희망으로 들떠 있었다.

테레사는 그렇게 가난한 모습으로 가난한 사람들의 곁으로 갔다.

가난한 사람들의 곁으로

테레사는 어디든 자유롭게 갈 수 있게 되었다. 그러나 거리로 나왔다고 해서 일을 바로 시작할 수 있는 것은 아니었다. 거리의 수녀가 되기 위해 많은 노력이 필요했다

그의 여행은 다시 시작되었다. 가난하고 병든 사람들을 돌보기 위해 테레사는 의학에 대해 공부할 필요를 느꼈다. 테레사는 파트나 지역에 있는 '성 가족병원'으로 가서 얼마간 수련을 하기로 했다. 의료 선교 활동을 하는 곳이어서 배울 것이 많았다.

이곳에서는 의사와 간호사로서 전문 지식을 갖춘 수녀들이 일하고 있었다. 그들은 테레사에게 친절하게 많은 것들을 가르쳐 주었다. 테레사는 환자들을 치료하는 데 따라다니면서 하나라도 더

배우려고 애썼다. 테레사는 어느새 주사를 척척 놓고 약을 처방하고 아기를 낳는 것을 도울 수 있게 되었다. 병원의 환자들을 돌보는 일에도 열심이었다. 수녀들은 테레사를 병원 어디에서나 볼 수 있었다.

힘들게 일하면서도 테레사가 먹는 음식은 보잘것없었다. 약간의 쌀과 소금으로 대충 끼니를 때우면서 살았다. 가난한 사람들과 똑같이 살겠다는 결심에서였다. 이를 본 동료 수녀들이 충고했다.

"환자를 돌보는 사람은 건강해야 합니다. 당신이 쓰러지면 당신이 보살피던 환자들은 어떻게 합니까?"

이곳의 수녀들은 특별한 결심을 하고 수도원을 나온 이 특별한 수녀를 위해 마음속에서 우러난 충고를 많이 해 주었다. 테레사는 경력이 많은 수녀였지만 사회 초년생 같은 마음으로 조언을 해 주는 사람들의 이야기에 귀를 기울였다.

테레사는 병자들을 위해 전문적으로 일하는 수녀들의 활동을 유심히 관찰했다. 수녀들도 테레사의 행보에 관심을 가졌다. 그들은 수술이 있을 때마다 테레사를 불러 수술 과정을 지켜보게 했다.

몸을 사리지 않고 병자들을 위해 헌신하는 테레사의 모습은 성가족병원의 수녀들과 환자들에게 깊은 인상을 남겼다. 테레사는 전염병 환자의 곁에 가는 것을 두려워하지 않았고, 그들의 아픔을 덜어 주기 위해 따뜻한 손길을 나눠 주는 것을 잊지 않았다.

이곳에서 테레사는 다음과 같은 단순하기만 중요한 생활 규칙을 세웠다.

간단해도 건강을 유지할 수 있는 음식들을 먹어야 한다. 그리고 일을 능률적으로 하기 위해 휴식이 필요하다. 5시부터 일어나 일을 하니 오후의 활동을 위해 반드시 짧은 휴식을 취하고 일주일 중 하루는 쉬어야 한다. 그리고 더 많은 사람들을 만나기 위해 1년에 한 번은 일하는 장소를 바꾸는 것도 좋다. 길에서 일하게 될 테니 위생 관리에 신경 써야 한다. 사리를 꼭 세 벌 마련한다. 하나는 입고 하나는 깨끗이 빨아 놓고, 하나는 만일의 경우에 대비해 준비해 둔다. 바깥에서는 인도의 불볕더위를 견디기 위해 머리를 꼭 보호해야 한다.

4개월 동안 의료에 필요한 어느 정도의 지식을 습득한 후 테레사는 성 가족병원을 떠났다. 떠나는 날 병원의 수녀들은 테레사에게 튼튼한 샌들을 선물했다.

"고맙습니다. 이 샌들을 신고 열심히 걸어 다니겠습니다. 여러분에게 배운 지식과 지혜를 가난한 사람들을 위해 쓰겠습니다."

테레사가 말했다.

"부디 몸조심하세요. 건강 챙기시는 것 잊지 마시고요."

수녀들은 친자매를 떠나보내는 마음으로 테레사를 배웅했다. 테레사는 작은 가방 하나를 들고 파트나를 떠나 캘커타로 돌아왔다. 우선 '가난한 사람의 작은 자매회'에 머물면서 거리로 나갈 준비를 했다. 이곳 수녀회에서는 '성 요셉의 집'을 운영하고 있었는데, 그 곳에서는 가난하고 갈 곳 없는 노인들을 돌보는 일을 하고 있었다. 테레사는 이곳의 일을 도우면서 빈민가로 자주 외출을 했다. 머물 집두 알아보아야 헸고, 앞으로 일할 장소도 물색하기 위해서였다. 주머니에는 대주교로부터 받은 5루피의 돈밖에 없었다.

빈민가를 아무리 돌아다녀도 그녀가 가진 몇 푼의 돈으로 얻을 수 있는 집은 없었다. 햇볕이 머리를 달구고 있어서 테레사는 어지럼증을 느꼈다. 배고픔까지 그를 괴롭히기 시작했다.

'아직은 견딜 만하다.'

그녀가 할 수 있는 일은 계속 걷는 일뿐이었다.

테레사는 가난한 사람들에 대해 생각했다. 가난한 사람들은 5루피조차 없는 사람들이었다. 아무것도 없는 사람들이었다. 맨몸으로 거리를 뒹굴며 살아가는 사람들이었다. 가난한 정도가 아닌 극빈의 상태로 쓰러져 가는 판잣집 하나 없는 사람들, 몸이 아파도 쉴 수 있는 편안한 공간 하나 갖지 못한 사람들이었다.

뜨거운 태양이 테레사의 정수리를 태워 버릴 것처럼 뜨겁게 내리쬐고 있었다.

'이것이 거리에서의 삶이구나. 가난한 사람들은 이렇게 살아가

는구나.'

테레사의 외출은 몇 주간 계속되었다. 거리에서 헤매다 보니 어느새 샌들 밑창이 닳아 있었다. 맨발로 걷는 것처럼 발의 통증이 심해지더니 물집까지 잡혔다. 테레사는 매 순간 하느님과 대화하듯이 기도를 드렸다.

그러나 테레사도 항상 확신에 차 있을 수는 없었다. 때때로 갈피를 못 잡고 어수선한 마음이 되곤 했다. 죽을 것같이 피곤해질 때마다 안락한 생활에의 유혹을 느꼈다.

'단 한마디면 된다. 그러면 내 발을 편히 쉬게 할 수 있을 것이다. 돌아가겠다는 한마디만 하면 수도원에서는 아무 말 없이 나를 받아 줄 것이다.'

그것은 인생 최대의 유혹이었다.

20년 전에 어머니가 했던 말을 떠올리며 테레사는 유혹을 몰아내기 위해 안간힘을 썼다. 멀리 고향 땅에서 어머니가 이겨 낼 자신이 없다면 아예 시작도 하지 말라고 호통을 치고 계시는 것만 같았다.

테레사는 20일간 묵상을 하며 가난한 이들에게 더 가까이 다가갈 준비를 했다. 캘커타 근처의 모티즈힐을 첫 번째 활동 지역으로 정했다. 테레사는 그곳에 허름한 거처를 마련할 수 있었다. 모티즈힐은 '진주의 호수'라는 뜻을 가진 곳이었다. 당시의 모티즈힐은 극빈자들이 모여 사는 슬럼가였다. 슬럼 중에서도 가장 가난한 슬럼

중의 하나였다. 진주의 호수라는 아름다운 이름과는 달리 쓰레기가 산더미처럼 쌓여 있는 악취 가득한 동네였다. 찌그러져 언제라도 쓰러질 태세를 하고 있는 판잣집들이 즐비한 그곳엔 병원도 약국도 없었고 아이들을 가르칠 수 있는 학교도 없었다.

모티즈힐에는 저수지와 같은 큰 웅덩이가 있었는데, 주민들은 하수구의 오염물이 흘러 들어오는 그곳의 물을 마시며 생활하고 있었다. 그러니 자연히 병이 많을 수밖에 없었다. 사람들은 의사의 진료 한 번 받아 보지 못하고 죽어 갔다. 주민들은 일단 병에 걸리면 죽을 수밖에 없다는 것을 알고 있었다. 무서울 정도의 가난이었다.

"저는 돌아가지 않겠습니다."

테레사는 선언하듯 기도를 드렸다. 이 기도로 테레사는 마음속의 미혹을 완전히 떨쳐 냈다.

"지금 이대로 돌아간다면 모든 것이 헛된 일이 됩니다. 이렇게 돌아간다면 수도원에서 나올 필요도 없었을 겁니다. 소명을 다하기 위해 하느님의 손을 잡고 끝까지 가겠습니다."

테레사는 가난한 사람들의 곁에 머물 수 있게 되면서 마음의 평화를 느꼈다. 그는 이날의 선언을 지켰고, 가난한 모습으로 가난한 사람들과 함께 살며 평생 수도원으로 돌아가지 않았다. 모든 것을 버리고 가난한 사람들에게로 가는 길은 너무도 멀었다. 테레사는 인도의 비참한 가난에 몸을 담기 위해 사랑하는 가족을 버렸고, 수녀로서의 생활을 보장해 줄 안전한 로레토 수도회를 버렸다. 모험이었다.

'이제 이곳이 나의 집이다.'

테레사는 오랜만에 편안하게 쉬었다. 딱딱하고 차가운 바닥에 누웠지만 이토록 안락한 잠자리는 처음이었다. 테레사는 발가락을 꼼지락거려 보았다. 아픔이 느껴졌지만 발에는 곧 못이 박일 것이다. 땅에 갈려 닳아지고 곱아질 맨발. 그 후로 50년 동안이나 샌들에 의지해 인도의 곳곳을 돌아다닐 발이었다. 가난한 사람들이 있는 곳이면 어디에나 발자국을 찍을 바지런한 발이었다.

반세기가 지난 후 발은 뭉툭하고 기형적인 모양으로 변했지만, 누구도 그 발을 징그럽다 생각하지 않았다. 사람들은 그 발을 세상에서 가장 아름다운 발이라고 말했다.

진주의 호수, 모티즈힐

다음 날 새벽, 테레사는 몸을 깨끗이 씻고 미사를 드리는 일로 하루를 시작했다. 그리고 간단하게 식사를 하고 첫 출근을 했다. 모티즈힐의 사람들은 외국인 수녀를 몹시 낯설어했다.

"아이들이 있으신가요? 제가 학교를 열어 아이들을 가르치려고 합니다. 아이들을 학교에 보내 주세요."

테레사는 사람들을 만날 때마다 그렇게 외치고 다녔다. 테레사는 하루 종일 모티즈힐의 모든 사람들을 만나고 다녔고, 그들의 집 안을 들여다보았다. 사람들은 테레사의 등장에 어안이 벙벙한 모습이었다. 이 낯선 이방인은 벵골어*를 유창하게 구사하고 있었다. 외국인 수녀의 열성적인 설득에 어른들은 아이들을 학교에 보내겠다고 약속을 했다.

"먹고살 일도 막막한데 배워서 뭐 합니까?"

가난에 찌들어 희망조차 버린 사람들도 많았다.

"아이들은 배워야 합니다. 아이들이 문맹으로 자라게 할 수는 없습니다. 글씨를 읽을 수 있게 된다면 세상에 대해 더 많은 것을 알게 될 겁니다. 훗날 직장을 얻을 수도 있고 지금과 다른 삶을 살 수 있지 않을까요? 아이들에게 희망을 주세요."

가난하다고 해서 배울 수도 없다는 것은 비극이라고 생각한 테레사는 온 힘을 다해 마을 사람들을 만나고 다녔다.

책도 없고 앉을 의자도 없었다. 칠판도 분필도 없었다. 그래도 17년의 교사 경력을 가진 테레사는 큰 걱정을 하지 않았다. 아이들을 어떻게든 가르칠 수 있다는 자신감이 있었다.

다음 날 아침 테레사는 일찌감치 공터에 가서 아이들을 기다렸다. 모두 다섯 명의 아이들이 모였다. 아이들은 씻지 않아 더러운 모습을 하고 있었다. 테레사는 제일 먼저 아이들을 깨끗하게 씻겼다. 아이들은 말끔해진 얼굴로 테레사와 공부하기 시작했다. 테레

---

* 인도는 땅덩어리가 크고 인구가 많은 만큼 다양한 언어가 사용되고 있는 나라다. 그 종류는 700여 가지에 이를 정도다. 인구의 45%가 쓰는 힌디어가 표준어로 쓰이고 있으며, 8%가 뱅골어를 사용하고 있다. 뱅골어는 북동부의 뱅골 지방에서 쓰이는 언어로 캘커타를 중심으로 활동한 마더 테레사가 이것을 배운 것은 당연한 일이었다. 현재 인도에서는 정부나 공공단체에서 영어를 공식 언어로 사용하고 있다.

사와 아이들은 쪼그리고 앉아 땅을 공책 삼아 공부했다.

아이들은 자연 속에서 즐겁게 공부했다. 교육의 기회를 갖지 못했던 아이들은 공터의 학교를 무척 재미있어했다. 아이들은 나무에 올라가 놀다가도 땅에 글씨를 쓰고 숫자를 썼다. 아이들의 달라

지는 모습을 보자 부모들도 학교에 관심을 갖기 시작했다. 날이 갈수록 아이들의 숫자는 점점 늘어났다. 부모들은 버려진 책상을 주워 오기도 했고, 칠판을 구해 오기도 했다. 어느새 공터에 자리 잡은 보잘것없는 학교는 모티즈힐에서 중요한 장소가 되었다.

테레사는 아이들과 마주 보기 위해 몸을 웅크리면서 성 마리아 학교의 교장이었을 때보다 더 큰 기쁨을 느꼈다. 아무것도 배우지 못했던 아이가 자기 이름을 쓰고 행복해하는 모습에서 선생님으로서 느낄 수 있는 최고의 보람을 얻었다.

모티즈힐의 아이들은 입이 거칠었다.

"말이 사람을 만든단다. 고운 말을 쓰면 고운 사람이 된단다."

테레사는 아이들이 비어나 속어를 쓰지 못하도록 했다. 아이들은 차츰 변화하기 시작했다. 아주 짧은 시간이었지만, 교육의 힘은 컸다. 아이들은 순수했고 테레사의 가르침을 스펀지처럼 흡수했다. 모티즈힐의 사람들도 교육의 필요성에 대해 인식하기 시작했다. 무엇보다 그들은 테레사를 신뢰하기 시작했다. 테레사는 그들과 똑같은 모습의 가난한 사람이었던 것이다.

제때 식사를 해야 했기 때문에 테레사는 늘 도시락을 싸 가지고 다녔다. 인도인이 주로 먹는 빵인 차파티나 찰기없는 쌀이 전부인 도시락이었다. 수녀로서의 품의를 지켜야 했기 때문에 공터에서 밥을 먹는 것도 여의치가 않았다. 점심때마다 곤란하지 않을 수 없었다.

어느 날 테레사는 근처 수녀원의 문을 두드렸다.

"조용한 곳에서 도시락을 먹게 해 주세요."

거칠고 낡은 사리를 걸치고 있는 테레사는 영락없는 가난한 사람의 모습을 하고 있었다. 그러나 그 모습은 단정했다. 머리에 쓴 두건에는 옷감이 흘러내리지 않게 하려고 핀이 꽂혀 있었다. 수녀원의 문지기는 테레사가 수녀라는 사실을 전혀 눈치채지 못했다. 미친 여자일지도 모른다고 생각한 그는 테레사를 수녀원의 가장 구석진 곳으로 데려갔다. 그곳의 차가운 계단에 쪼그리고 앉아 테레사는 감사 기도를 드렸다. 그리고 인도인들처럼 맨손으로 밥을 먹었다.

곧 공터에는 더 이상 수업을 진행할 수 없을 정도로 아이들이 늘어났다. 다행히 테레사의 활동을 격려하는 한 사제가 100루피의 돈을 지원해 주어 테레사는 방 두 칸을 얻을 수 있었다. 한 방에는 학교를 만들고, 다른 방에는 진료소를 만들었다. 아이들이 늘어나면서 테레사 혼자 가르치기 어려워졌을 때, 3명의 교사들이 테레사를 돕겠다고 자청했다.

테레사는 아무것도 가진 것이 없었고, 다른 사람들의 기부와 도움이 절대적으로 필요한 상황이었다. 테레사가 많은 일을 할 수 있었던 것도 사람들의 지원 때문이었다.

"하느님은 필요할 때마다 언제든 도움의 손길을 보내십니다."

테레사는 입버릇처럼 말하곤 했다.

그러나 처음부터 수월했던 것은 아니었다. 그는 인도의 승려들처럼 탁발을 통해 모금을 하기로 했다. 탁발이란 수도자가 집집마다 돌아다니며 교리를 전하고 도움을 청하는 성스러운 의식이었다. 전통적인 수녀 복장이 아닌 허름한 사리를 입고 있었기 때문에 종종 거지로 오해를 받곤 했다. 그러나 테레사는 탁발을 무척이나 열심히 했고, 기부를 요청하는 편지도 곳곳에 보냈다. 하지만 냉대를 당하는 일이 대부분이었다.

테레사는 하루를 마감할 때 꼬박꼬박 편지를 썼다. 이것은 페리에 대주교에게 보내는 것으로 1년간 허락받은 바깥 생활에 대한 일종의 보고서였다. 테레사는 일기를 쓰듯이 날마다 편지를 썼다. 이 편지에는 고뇌의 흔적이 고스란히 담겨 있었다.

테레사는 평생 수없이 많은 편지를 썼다. 어릴 때 가족이 문학가가 되라고 했을 정도의 글 솜씨 덕택에 편지를 쓰는 일이 그리 어렵지 않았다. 테레사에게 편지는 주된 의사소통의 수단이었다. 그리고 갈 수 있는 곳이라면 어디로든 걸어갔다. 그의 발이 남아나지 않은 것은 당연한 일이었다.

테레사는 모티즈힐의 학교가 정식으로 인정받기를 원했다. 그는 교육위원장을 직접 찾아가 학교의 상황에 대해 설명했다. 그러나 허가를 받기까지 1년이나 기다려야 하며, 징규학교가 되면 시당국의 교육제도와 방침에 따라야 한다는 대답을 들었다. 테레사는 정규학교로 인정받는 일을 포기했다. 모티즈힐의 아이들을 보다 자유롭게 교육하기를 원했기 때문이었다.

빈민들의 삶은 비참했다. 그들은 게으르거나 열심히 일하지 않았기 때문에 가난해진 것이 아니었다. 가난은 신분에 의해 계속 대물림되고 있었다. 인도에는 카스트 제도*라는 엄격한 계급제도가 있었는데, 아무리 능력이 뛰어나도 타고난 계급을 뛰어넘을 수 없었고 그럴 기회도 주어지지 않았다. 그것은 무시무시한 운명의 굴레였다. 최하층의 천민들은 사람으로 취급받지도 못했다. 그들은 '불가촉민'이라고 불렸는데 접촉해서는 안 될 사람들이라는 뜻이었다. 간디는 이들에게 '불가촉민' 대신 '하리잔'이란 이름을 붙여주었다. 하리잔은 '신의 자식들'이란 뜻이다. 그러나 이름과는 달리 하리잔들은 처참한 삶을 참아 내고 있었다. 지독한 가난은 이들이 견뎌야 할 숙명이었다.

하층민들이 대부분인 모티즈힐 사람들은 거부할 수 없는 가난과

---

* 인도의 힌두교 교리에 따른 신분제도. 브라만, 크샤트리아, 바이샤, 수드라 네 단계의 계급으로 구분된다. 브라만이 사제자로서 가장 높은 신분에 속한다. 수드라는 노예 계급으로 천민 신분을 말한다. 수드라보다 더 낮은 계급으로 천민 중의 천민을 '불가촉민'이라고 부르기도 한다.

질병을 견뎌 내고 있었다. 골목골목마다 병든 사람들의 신음 소리가 들려왔고, 아이들은 죽어 가는 부모 옆에서 자라나고 있었다. 학교가 아이들의 공간이었다면, 무료 진료소는 병자들을 위한 공간이었다. 테레사는 학교 일과 진료소의 일 때문에 하루 종일 바쁘게 뛰어다녔다. 샌들의 밑창은 금세 닳아 해졌다.

모티즈힐에는 결핵, 콜레라, 페스트, 나병 등 수없이 많은 질병들이 있었다. 테레사는 병이 옮을까 봐 피하지 않았다. 테레사는 병든 사람들을 발견할 때마다 그들을 병원으로 데리고 갔다. 그러나 진료비를 낼 수 없는 가난한 자들을 선뜻 받아 주는 병원은 흔치 않았다. 병자가 너무 많아서 일일이 병원에 갈 수도 없는 일이었다. 테레사는 넘쳐나는 병자들을 감당하기 위해 무료 진료소를 통해 약을 나눠 주기로 했다.

"병자들이 약을 먹지 못해 고통 속에서 지내고 있습니다. 그들의 병을 치료할 수 있도록 약을 기부해 주십시오."

테레사는 탁발승처럼 약국을 돌아다니며 약을 지원해 줄 것을 요청했다.

"비싼 약을 공짜로 달라고 하니 어이가 없군요."

약국 주인은 심하게 욕설을 하며 테레사를 쫓아냈다. 수없이 많은 약국에서 비슷한 일을 당했지만, 테레사는 계속 찾아다니며 뜻을 전했다. 인간적인 모멸감에 상처받기도 했다.

그러나 고마운 이들도 많았다. 테레사는 무상으로 지원받은 약들로 무료 진료소를 운영할 수 있었다. 외국인 수녀가 병자들에게 무료로 약을 처방한다는 소문이 모티즈힐 전역에 퍼졌고, 곳곳에서 병자들이 찾아왔다. 무료 진료소에는 사람들이 늘 길게 줄을 서 있었다. 남녀노소를 불문하고 엄청난 사람들이 몰려들기 시작했다. 아파도 진료를 받을 수 없는 사람들이 천지에 널려 있었던 것이다. 진료소 앞은 늘 북적댔고, 인력과 약품은 턱없이 부족했다. 도움이 절실하게 필요했다.

빈민가의 테레사에 대한 소문은 입에서 입으로 전해졌다. 로레토 수도회 사람들이나 옛 제자들이 모티즈힐로 찾아오기도 했다. 그들은 자기가 본 광경을 믿을 수 없어 했다. 성 마리아 학교의 원장 수녀로서의 테레사를 기억하고 있던 사람들에게는 놀라운 모습이었다. 가난한 사람들과 똑같은 차림새로 그들 틈바구니에서 몸을 웅크린 채 일하고 있는 테레사의 모습은 감동적이었다.

많은 사람들이 테레사를 진심으로 응원하고 도왔다. 그러나 쓸데없는 짓을 한다고 반대하는 사람들도 만만치 않았다. 테레사는 비난의 시선을 피할 수 없었다.

"가난은 나라도 구제하지 못하는 일이 아닌가? 테레사는 밑 빠진 독에 물 붓기를 하고 있는 거야."

테레사는 가난한 이들을 거룩한 사람들이라고 생각했다. 그리스

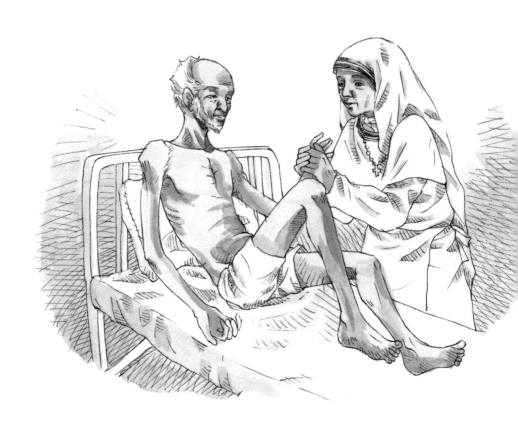

도는 가난한 모습으로 십자가에 매달려 돌아가셨고, 사람들은 그 모습을 거룩하다고 말했다. 그런데 왜 그리스도와 똑같은 모습으로 거리에 쓰러져 있는 사람들은 거룩하다고 생각하지 않는가? 테레사는 마음이 아팠다.

'가난한 사람들을 돌보는 것은 그리스도를 돌보는 것과 같다.'

물론 그들을 가난에서 완전하게 구해 낼 수 없다는 것은 테레사도 알고 있었다. 그러나 가난한 이들을 가난에서 벗어나게 할 수 없

다고 해서 아예 외면하는 일은 더 옳지 않았다. 가난한 사람들을 절
망하게 하는 것은 외로움이었다. 그들은 가난하다는 이유로 사람
들에게 외면당하고 냉대를 당하면서 지독한 외로움에 시달려야 했
다. 그에 비하면 가난의 고통은 부차적인 것이었다. 테레사의 일은
그들에게 따뜻한 손길을 나누어 주는 것이었다. 가난한 이들에게
진정으로 필요한 것은 마음의 위안이라는 것을 사람들은 간과하고
있었다.

　테레사는 밑 빠진 독에 물 붓기라는 소리를 웃어넘기고 자기에
게 주어진 일을 열심히 해 나갔다. 그것은 누구도 침범할 수 없는
테레사의 신념이었다. 비난을 감수하는 것 역시 테레사가 감당해
야 할 일이었다. 테레사는 가난한 이들을 위해 일하려면 평생 비난
에서 자유로울 수 없다는 것을 잘 알고 있었다.

도움의 손길

1949년 테레사는 활동의 발판이 될 좋은 집을 기증받게 되었다. 알프레드와 마이클 고메스 형제의 집이었다. 테레사는 판 엑셈 신부로부터 이들을 소개받았다.

그들 형제는 독실한 가톨릭 신자로 평소에 테레사의 활동에 관심을 가지고 있었다. 이들은 판 엑셈 신부로부터 테레사에게 집이 필요하다는 이야기를 듣고 자기 집의 3층을 선뜻 내주었던 것이다.

"하느님의 은총입니다. 부족하고 힘이 들 때마다 언제나 도움을 주십니다."

테레사는 뛸 듯이 기뻤다. 그곳은 앞으로 수많은 집을 짓게 해 줄 고마운 터전이 될 것이다.

테레사는 작은 가방을 들고 고메스 형제의 집 3층으로 이사했다. 집은 모티즈힐과 비교할 수 없을 정도로 크고 널찍한 곳이었다. 비어 있던 곳이어서 제대로 된 가구 하나 없었지만, 테레사는 궁궐에 와 있는 기분이었다.

고메스 집에서의 첫날 밤, 테레사는 극심한 피로를 느꼈다. 그날 밤 기도를 마친 후 테레사는 기도 형식의 일기를 썼다.

하느님, 수도원을 나온 후 매일매일 긴장 속에서 살아왔습니다. 무작정 가난한 사람들 곁으로 갔고, 무엇부터 시작해야 할지 갈팡질팡했습니다. 저는 사람들이 생각하는 것만큼 대단하지도 강하지도 못합니다. 무작정 일을 벌였지만, 잘 못 해낼까 봐 두려운 날도 많았습니다. 진료소를 찾아온 사람들이 약이 없어 빈손으로 돌아가면 어떡하나 좌불안석이었고, 약국 문을 들어서기 전에는 거절당할까 두렵기도 했습니다. 때때로 할 일이 산더미 같아 안절부절못했습니다. 저는 너무도 나약합니다. 저에게 용기를 주십시오.

테레사는 글을 쓰면서 조용히 눈물을 흘렸다. 외로움이 밀려왔다. 수도원을 나서며 스스로 선택한 고독이었지만, 처음으로 그것이 견디기 힘들었다.

이런 고백은 오로지 내면을 향한 것이었다. 다음 날 고메스 저택의 사람들은 밝고 건강한 모습의 테레사를 보았다. 테레사는 혼자 지내고 있었지만, 수녀로서의 생활을 착실하게 꾸려 가고 있었다. 새벽에 일어나 미사를 드린 후 하루를 계획하고 아침을 맞을 준비를 마쳤다.

"수녀님, 벌써 일어나셨군요. 오늘은 무슨 일을 하실 건가요? 제가 할 수 있는 일이면 무엇이든 돕겠습니다."

알프레드의 동생 마이클이 테레사를 돕고 싶어 했다. 처음에는 거절하려고 했으나, 그의 마음을 상하게 하는 것 같아 도움을 받아들였다. 마이클은 시간이 허락할 때마다 테레사를 따라다녔다. 그는 주로 테레사가 약을 구하러 갈 때 동행했다.

"수녀님, 혼자서 참 어려운 일을 하십니다."

마이클은 탁발하는 과정에서 수모를 당하고도 담담한 테레사를 보며 깊은 존경심을 갖게 되었다.

모티즈힐뿐만 아니라 틸잘라에까지 무료 진료소를 세웠기 때문에 테레사의 일은 더 많아졌다. 바쁜 하루하루가 지나갔고, 외로움을 품었던 일도 금세 잊혀졌다.

마이클은 테레사가 마술사와 같다고 생각했다. 하루는 혼자 몸으로 탁발하러 나갔다가 오후 무렵 트럭에 실려 온 일이 있었다. 트럭에는 밀가루와 쌀이 잔뜩 실려 있었고, 테레사는 짐들 사이에 조그맣게 웅크리고 앉아 있었다.

고메스 집으로 이사 온 지 한 달이 시난 봄날 밤이었다 테레사는 촛불 아래서 조용히 기도하면서 그날 하루를 되돌아보고 있었다. 모두가 잠든 고요한 시간이었다. 그런데 어쩐 일인지 가슴이 두근 거렸다. 아주 멀리서 누군가의 발걸음 소리가 들렸기 때문이었다. 잠시 후 발걸음은 테레사의 방문 앞에서 멈춰 섰다. 문을 두드리는 소리가 들렸다.

"이런 늦은 시간에 누굴까?"

이상하게 가슴이 설레었다. 문을 열자 젊은 여자가 숨을 헐떡이며 서 있었다. 하루 종일 먼 길을 걸어온 사람처럼 땀에 젖어 있었고, 머리는 헝클어진 채 몹시 지쳐 보였다. 테레사는 이 인도 아가씨를 어디선가 본 일이 있는 것만 같았다. 자그마하고 가냘픈 인상. 그러나 기억이 쉽게 떠오르지 않았다.

"선생님!"

여자는 활짝 웃었다. 그제야 테레사는 그를 방문한 인도인이 누구인지 생각났다.

"성 마리아 학교의……."

"네, 맞아요. 성 마리아 학교에서 수녀님께 배웠던 학생입니다. 스바니시 다스예요."

성 마리아 학교에 있을 때 테레사는 학생들에게 빈민가에서 봉사 활동을 하도록 했었다. 스바니시는 그때 함께 봉사 활동을 다니던 학생 중의 하나였다. 너무도 뜻밖이라 테레사는 놀라울 따름이었다. 테레사는 제자를 방으로 들어와 쉬게 했다.

"수녀님, 저도 수녀님과 같은 길을 가고 싶습니다. 가난한 사람들을 위해 제 삶을 하느님께 바치겠습니다."

스바니시의 고백은 기적과 같은 일이었다. 테레사는 스바니시에게서 소녀 시절의 자기 모습을 보는 듯했다.

"그건 무척 고된 길이다. 네가 가진 모든 것을 버리고 가시밭길을 가겠다는 거니?"

테레사는 수녀가 되겠다는 말에 놀라시던 어머니의 마음을 이해할 수 있을 것 같았다. 스바니시는 젊고 유능했다. 게다가 인도의 부유한 가정에서 부족한 것 없이 살아온 아이였다. 부자가 모든 것을 버리고 스스로 가난을 선택하는 일은 매우 어려운 일이었다. 스바니시는 어려운 결정을 하고 이곳으로 온 것이었다. 테레사는 스바니시를 받아들였다. 훗날 스바니시는 테레사의 어릴 때 이름을 따라 아그네스 수녀가 되었다.

스바니시는 하느님이 보내 주신 선물이고 축복이었다. 기적은 거기서 멈추지 않았다. 며칠 후 막달레나라는 또 다른 제자가 찾아온 것이었다. 테레사는 두 제자와 교회에 가서 봉헌기도를 드렸다. 그리고 그들에게 푸른 줄무늬의 사리를 입혔다.

스바니시는 교사가 되려고 공부하던 중이었고, 막달레나는 의학을 공부하고 있었다. 테레사는 이들이 전문적인 지식을 갖출 수 있기를 바랐다. 이들은 반대하는 부모님을 인내심 있게 설득하고 테레사에게로 온 젊은이들이었다. 테레사는 그들을 친자매이자 친딸로 생각했고, 그들이 공부를 마칠 수 있게 도왔다. 스바니시는 학교 교사로 활동하며 테레사의 보좌 역할을 했고, 막달레나는 훗날 의사로서 예멘*에서 가난한 이들을 위해 진료 활동을 했다.

이것은 시작에 불과했다. 자매들이 하나둘씩 찾아오기 시작했고 고메스 집의 3층에는 어느새 열두 명의 수녀가 살게 되었다. 사람들은 빈민가의 어디에서나 쉽게 사리를 입은 수녀들을 만날 수 있었다.

---

* 아라비아 남서부에 위치한 나라 이름으로 아랍어를 쓴다.

3장
오직 한 사람을 위한 집 짓기

마더 테레사

테레사의 활동을 반기는 사람들도 있었지만, 그렇지 않은 사람들 또한 많았다. 힌두교를 기반으로 하는 인도였기 때문에 종교적인 반감을 갖는 사람들이 있었던 것이다. 어떤 이는 푸른 눈을 가진 백인 수녀가 인도인 처녀들을 데려다 수녀로 만든다고 불만을 갖기도 했다.

어느 날 사람들은 테레사가 지나가자 자기들끼리 수군댔다.

"저 수녀가 모티즈힐에서 애들을 가르치고 약을 무료로 나눠 준대. 자기 나라도 아닌 곳에서 선심을 쓰는 건 다 꿍꿍이가 있어서 그래. 우리 힌두교도들을 가톨릭으로 개종시키려는 게 분명해. 저러다 지치면 언젠가는 자기 나라로 떠나겠지."

그들은 테레사가 자기들 말을 알아듣지 못할 거라고 생각했다.

"저는 외국인이 아닙니다. 저는 인도 사람입니다."

외국인 수녀의 유창한 뱅골어에 사람들은 눈을 동그랗게 떴다.

테레사는 인도를 제2의 조국으로 생각했다. 알바니아인으로 마케도니아에서 태어났지만, 발칸반도에서의 삶은 이미 어린 시절의 추억으로 멀어져 있었다. 테레사는 인도를 깊이 사랑하게 되었으며, 죽는 그날까지 인도에서 살다가 인도의 땅에 묻힐 것이라 다짐하고 있었다. 테레사는 1949년 인도 국적을 취득했다. 이제 완전한 인도인으로 살겠다는 의지의 표현이었다.

힌두교와 이슬람교의 종교 분쟁을 겪은 인도인들에게 종교를 강요할 수는 없는 문제였다. 테레사는 자기가 돌보는 사람들을 가톨릭으로 개종시키려 한 일이 단 한 번도 없었다. 종교와 인종이 다르다고 해서 차별을 두는 일도 없었다. 테레사는 그들 모두를 섬겨야할 그리스도라고 생각했다.

수녀들은 늘어났지만 이들이 감당하기에는 일이 너무도 많았다. 점점 더 많은 사람들에게 도움을 주려 했기 때문이었다. 테레사와 수녀들은 격무에 시달렸다. 이들은 하루 종일 집집마다 돌아다니면서 굶주린 사람들에게 음식을 나누어 주었고, 아픈 사람들을 간호했다. 테레사 또한 하루 종일 물 한 방울 먹지 못하고 뜨거운 캘커타 거리를 돌아다녔다. 지치고 힘든 나날이었지만, 모두 하고 싶은 일을 하고 있다는 것에 큰 보람을 느끼고 있었다.

이들은 수도원에서 나와 독자적으로 활동하고 있었지만, 수녀로서의 생활은 엄격히 지키고 있었다. 하루는 이른 새벽의 미사로 시작되었다. 미사 후 아침 식사를 든든히 하고 각자가 맡은 구역으로 나가 일했다. 정오가 지나면 함께 모여 점심 식사를 했고, 오후의 활동을 위해 30분 정도의 휴식을 취했다. 일과가 모두 끝나면 저녁 식사를 하고 미사로서 하루를 마감했다.

판 엑셈 신부는 페리에 대주교에게 테레사와 12명 수녀들의 활동을 보고했다. 대주교는 테레사의 모임을 하나의 수녀회로서 인정해 주었다. 이 수녀회의 이름은 '사랑의 선교회'라고 정해졌다. 이곳의 수녀들은 청빈, 순결, 순명 이외에 네 번째 서원을 했다. 바로 가난한 사람들 중에서도 가장 가난한 사람들을 위해 온 마음을 다해 헌신한다는 서원이었다.

처음 수도원의 철문을 나섰을 때는 생각지도 못했던 일이었다. 모든 것이 가난한 사람들을 위해 헌신하겠다며 찾아와 준 자매들이 있었기 때문에 가능한 일이었다. 허락받은 1년은 테레사에게 값진 시간이었다. 이제 수도원으로 돌아가지 않아도 수녀로서 살아갈 수 있게 된 것이다. 그로부터 1년 후인 1950년, 더욱 기쁜 일이 일어났다. 로마 교황청에서 '사랑의 선교회'를 정식 수녀회로 인정해 준 것이었다.

테레사의 나이 40세 때의 일이었다. 판 엑셈 신부와 앙리 신부는 자기 일처럼 기뻐했고, 작은 체구의 수녀가 이룩한 엄청난 기적에 놀라워했다. 수도원을 떠난 지 2년 만의 일이었다. 테레사는 그 2년 동안 가난한 사람들을 위해 살겠다는 소신에서 한 치의 어긋남도 없는 생활을 했고, 많은 사람들의 마음을 움직였던 것이다. 엄격한 바티칸의 교황청에서도 어느 날 돌발 선언을 하고 거리로 나선 수녀의 눈물겨운 노력을 높이 사고 있었다.

이 사건으로 테레사에게 관심을 갖는 사람들이 많아졌다. 신문 기자가 테레사를 찾아와 맨몸으로 거리에 뛰어드는 수녀들의 모습을 카메라에 담아 가기도 했다. 벵골 지방에서 테레사는 유명 인사가 되었다. 테레사는 다소 어리둥절했다.

그러던 어느 날 테레사는 길을 걷다가 지저분한 거지 아이를 만났다. 깡마른 체구에 씻지 않아 새까만 얼굴을 한 아이였다. 아이는 골목 어귀에서 테레사를 기다리고 있었던 것 같았다.

"테레사 수녀님이시죠?"

아이의 눈동자만은 해맑게 빛나고 있었다.

"그래, 내가 테레사인데 나한테 무슨 할 말이라도 있니?"

아이를 대할 때면 테레사는 언제나 몸을 웅크렸기 때문에 아이만큼 작아졌다.

"이걸 가난한 아이들을 위해 써 주세요."

아이가 자랑스럽게 내민 손바닥 위에는 동전 다섯 개가 있었다. 테레사는 대번에 그것이 아이가 하루 종일 구걸해서 번 돈이라는 것을 알 수 있었다.

'내가 이 돈을 받으면 아이는 며칠을 굶어야 할지도 모르는데……'

그러나 차마 거절할 수가 없었다. 아이는 자기의 모든 것을 던져 자기보다 불쌍한 아이를 도우려고 했다. 참으로 고귀한 희생이었다. 테레사는 천사와 같은 아이의 마음을 다치게 하고 싶지 않았다.

"고맙구나. 이 돈을 굶주린 아이들을 위해 귀하게 쓰마."

아이는 행복한 미소를 지었다. 그리고 달아나듯이 뛰기 시작했다. 아무리 불러도 뒤도 돌아보지 않았다. 테레사는 아이를 위해 기도했다. 아이가 그날 배고픔을 겪지 않기를, 따뜻한 마음씨를 가진 훌륭한 어른으로 자라나기를 바랐다.

숭고한 마음이었다. 사람들은 돈이 많아야 남을 도울 수 있다고 생각한다. 그러나 가난한 사람들을 돕는 일은 돈이 아닌 영혼에서 우러나온 사랑이 필요했다. 부자들이 내놓은 많은 돈보다 거지 아이의 동전 다섯 개가 더없이 소중하게 느껴지는 건 그 때문이었다.

테레사는 사랑의 선교회가 더 많은 일을 할 수 있다고 믿게 되었다. 혼자서 시작한 작은 일이었지만, 이제는 혼자만의 일이 아님을 알게 된 것이다. 테레사는 가난한 이들을 돕고 싶어 하는 이들을 위해 대신 일한다고 생각하게 되었다. 하느님의 도구로서 일함과 동시에 많은 사람들의 대변자로서 일하는 것이다.

테레사는 자신의 활동으로 인해 사람들이 극빈자들의 삶에 대해 생각하길 바랐다. 외진 곳에서 처참하게 살아가는 사람들에 대해 세상에 알리고 싶었다.

테레사는 일기를 썼다.

"니는 도구일 뿐이다. 나는 하느님의 뜻을 전달하는 한 자루 몽당연필이다. 모든 아름다운 글은 하느님이 쓰실 것이다."

이제 가난한 이들을 위한 일은 테레사 개인의 일이 아니었다. '사랑의 선교회'가 공식 수녀회가 되면서 테레사는 또 다른 사명감을 갖게 되었다. 테레사는 이제 선교회의 총장으로서 '마더 테레사'로 불리게 되었다. 이제 가난한 이들의 진짜 어머니가 될 준비가 되어 있었다. 마더 테레사는 샌들 끈을 꼭 동여맸다.

죽어 가는 사람들의 집

1952년 마더 테레사는 캘커타에 가난한 사람들을 위한 최초의 집을 열었다. 이 집의 이름을 '니르말 흐리다이'라고 지었는데, 힌디어로 '깨끗한 마음의 집'이라는 뜻이었다. 이곳에 오는 사람들이 거의 힌두교도들이었기 때문에 붙여진 이름이었다. '죽어 가는 사람들의 집'이라고 불리기도 했다. 이곳은 가난한 이들의 임종을 지키기 위한 집이었다.

임종을 위한 집을 짓고자 한 마더 테레사의 소망은 이미 몇 해 전부터 시작된 것이었다.

인도는 몬순*이라 불리는 계절풍의 영향을 받는 지역이었다. 여름이면 바다에서 육지로 바람이 불어와 비를 뿌리는 일이 많았다.

하루는 유난히 계절풍이 세차게 몰아쳤다. 폭풍이 된 비바람은 도시 전체를 검은 물구덩이로 만들어 버렸다. 그날 테레사는 전차를 타고 있다가 나무 밑에 웅크리고 있는 남자 한 명을 발견했다. 그의 입은 공포로 벌어져 있었는데, 금세 죽을 것만 같았다. 나무 밑에서도 비를 피할 수 없었던 남자는 헐벗은 몸으로 물을 견뎌 내고 있었다.

테레사는 바삐 전차에서 내려 남자에게 달려갔다. 물살에 휩쓸릴 것만 같았지만 애써 몸을 가누며 나무 밑으로 갔다. 그러나 조금 전까지만 해도 몸을 부르르 떨고 있던 남자는 이미 숨을 거둔 상태였다. 테레사가 비를 피해 눈을 감은 아주 짧은 순간 동안 남자의 영혼은 육체를 떠나 버린 것이다. 남자는 흙탕물 속에 얼굴을 처박고 죽어 있었다.

테레사는 큰 충격을 받았다.

'조금만 더 일찍 왔더라면……'

테레사는 인도에 와서 수많은 사람들이 길 위에서 비참하게 죽어 가는 것을 보았다. 죽음의 현장은 놀랍고 끔찍했다. 병에 걸려 쓰러진 사람들은 무더운 인도의 날씨 때문에 온갖 더러운 세균에 감염되어 산 채로 썩어 갔다.

---

* 인도는 몬순이라고 불리는 계절풍의 영향을 받는다. 인도의 날씨는 우기와 건기가 뚜렷하게 구분되어 있다. 6월부터 9월까지가 우기로 바다에서 육지로 바람이 불어와 비가 많이 온다.

어떤 노파는 생쥐에게 살을 뜯어 먹히고도 아무 힘도 쓰지 못하고 죽어 가고 있었다. 테레사는 생쥐들을 냉큼 쫓아 버리고 노파를 무조건 들춰 업었다. 자그마한 몸집으로 테레사는 축 늘어진 노파를 업고 달리기 시작했다. 사람들은 고약한 냄새가 나는 그들을 피해 고개를 돌렸다. 노파를 살려야겠다는 생각 하나로 온몸에서 엄청난 힘이 나오고 있었다.

무조건 병원으로 가서 도움을 구했지만, 병원은 치료를 거부했다. 곧 죽을 사람을 위해 애쓰는 건 낭비라고 생각하는 것 같았다. 병원 측에서는 노파가 병균을 옮길까 봐 전전긍긍하며 테레사를 돌려보내려고 했다.

"여긴 죽어 가는 사람들이 천지에 널려 있습니다. 그들을 모두 업고 뛰실 생각입니까? 그렇다고 그들을 살릴 수는 없는 일 아닙니까?"

테레사는 의사로부터 그런 이야기를 들었다. 가난한 사람들을 가난에서 구제할 수 없다고 해서 아예 외면하는 것과 다를 바 없는 이야기였다.

"죽어 가는 사람들의 목숨을 구할 수 없을지도 모릅니다. 하지만 죽어 가는 사람을 발견했는데 아무것도 해 보지 않는다는 건 옳지 않습니다. 그들을 살릴 수 있도록 끝까지 최선을 다해야 합니다. 이 한 사람을 구하지 않는다면 10만 명의 사람도 구할 수 없는 겁니다."

114

테레사의 호소에 병원에서는 어쩔 수 없이 노파를 받아 주었다.

'저들을 길거리에서 외롭게 죽어 가게 할 수는 없다. 적어도 인간으로서 품위를 지키며 죽게 해야 한다. 그들에게는 임종을 지켜 줄 사람들이 필요하다.'

테레사는 어느 때보다 집을 필요로 하고 있었다. 죽어 가는 사람들을 눕히고 그들이 아름답게 죽을 권리를 누리게 할 공간이 간절했던 것이다.

마더 테레사는 무작정 캘커타 시청을 찾아가 자기 생각을 밝혔다. 그녀는 달변가는 아니었지만, 침착하게 말하면서 자기 뜻을 분명하게 밝힐 줄 알았다. 20년간 기도와 명상을 통해 갖게 된 말솜씨였다.

"저에게 건물 한 채를 주십시오. 나머지는 제가 다 알아서 하겠습니다."

마더 테레사는 직설적으로 말했다.

시청 직원은 무척 놀랐다. 죽어 가는 사람들을 위해 무엇을 할 수 있을까 의아했지만, 그는 마더 테레사에게 도움을 주고 싶었다. 직원은 테레사에게 칼리 사원을 소개해 주었다. 칼리 사원은 힌두교의 여신 칼리를 모시는 신전이었다. 이 건물은 널찍해서 많은 사람들을 수용할 수 있을 듯했다. 마더 테레사는 감격해서 시청 직원에게 몇 번이고 감사의 인사를 전했다.

행동력 있는 마더 테레사답게 24시간 내에 이곳은 '니르말 흐리다이'란 이름을 내걸고 죽어 가는 사람들을 받아들였다. 머뭇거릴 이유가 없었다. '사랑의 선교회' 수녀들은 도시의 곳곳을 다니며 죽어 가는 사람들을 집으로 데리고 왔다.

마더 테레사는 하수구에서 한 사람을 구해 냈다. 검게 말라붙은 그의 몸에는 벌레가 우글거리고 있었다. 기운이 없어 말을 하지는 못했지만, 그는 분명 숨을 내쉬고 있었다. 그는 곧 집으로 옮겨졌다.

마더 테레사와 수녀들은 벌레를 털어 내고 그의 몸을 깨끗하게 씻겨 주었다. 젊은 수녀들도 벌레가 징그럽다고 물러서지 않았다. 세 시간이나 걸리는 어려운 작업이었다.

그들은 예수 그리스도의 몸을 만지듯 정성을 다했다.

그 사람은 이내 깨끗한 몸이 되었고, 편안한 침상에 눕게 되었다. 그러자 그는 마지막 숨을 모아 힘들게 말을 이어 갔다.

"수녀님, 저는 짐승과 다를 것 없이 살아왔습니다. 짐승으로 살다가 천사처럼 죽게 되다니 저는 운이 좋은 사람입니다. 이제 죽어도 여한이 없습니다."

그의 유언에 모든 수녀들이 숙연해질 수밖에 없었다. 마더 테레사와 수녀들은 죽어 가는 이를 위해 기도했고, 그의 마지막 길이 외롭지 않도록 손을 꼭 잡고 축복해 주었다. 좀 더 오랜 시간 평화를 즐기기를 바랐으나, 그는 침대에 눕고 얼마 후에 숨을 거두고 말았다.

흙더미 속에서 열병으로 죽어 가는 여인을 발견한 일도 있었다. 여인은 마더 테레사를 보자 꺼질 듯한 목소리로 말했다.

"내 아들 녀석의 짓입니다. 아들 녀석이 저를 이곳에 버렸습니다."

여인의 목소리는 희미했지만, 테레사는 그 목소리에서 분노를 느낄 수가 있었다.

"당신은 누구보다 아들을 사랑하고 있습니다. 아들을 용서하십시오."

마더 테레사가 말했다. 여인은 침대에서 죽음을 맞으면서도 육체적인 고통보다는 아들에게 버림받았다는 사실에 가슴 아파했다. 그러나 죽음의 순간 여인은 평화로운 얼굴로 말했다. 처음 아이로부터 기쁨을 얻었을 때 어머니가 짓는 미소를 머금은 채.

"아들을 용서합니다."

그곳에는 가슴 아픈 일이 너무도 많았다.

아사 직전의 한 소녀가 들것에 실려 집으로 들어온 일이 있었다. 소녀는 까맣게 타 버린 장작처럼 말라서 몸이 비틀려 있었다. 오랜 시간을 굶은 사람은 딱딱한 것을 먹을 수가 없기 때문에 수녀들은 부드럽게 쑨 미음을 소녀에게 먹이려고 했다. 그러나 소녀는 거부하면서 아무것도 먹으려고 하지 않았고, 심지어 입고 왔던 옷을 달라고 떼쓰며 울기도 했다.

"난 그냥 죽을 거란 말이에요. 이대로 죽게 내버려 둬요."

소녀의 마음은 굳게 닫혀 있었다.

"세상 어디에도 그냥 죽어야 하는 사람은 없어. 네 목숨은 소중한 거야. 어느 누구도 네게서 그걸 빼앗을 수 없다."

아직 어린 소녀가 모든 것을 포기하는 것을 보는 것은 가슴 아픈 일이었다. 소녀를 아프게 하는 것은 배고픔 따위가 아니었다. 소녀의 마음에는 이미 치유할 수 없는 상처가 아로새겨져 있었다. 마더 테레사와 수녀들은 소녀를 끊임없이 설득했다. 소녀는 드디어 음식을 먹었고 기운을 차릴 수 있었다. 죽음의 문턱에서 아이는 겨우 빠져나왔다. 그리고 죽어 가는 다른 아이의 말동무가 되어 주고 밥을 먹여 주기도 했다.

마더 테레사는 가난한 이들의 수많은 죽음을 지켜보았다. 어떤 죽음도 숭고하지 않은 것은 없었다. 마더 테레사는 40대를 맞아 활동적으로 일하고 있었다. 아직은 살아가야 할 날들이 더 많았지만 죽음 앞에 겸허하게 낮아짐을 느꼈다. 항상 웅크리고 일을 하는 테레사의 어깨는 빠른 속도로 굽어질 것이고, 몸은 더욱 왜소하게 줄어들 것이다. 평생 화장품 한번 발라 보지 않은 테레사의 얼굴은 곧 굵은 주름으로 뒤덮일 것이다. 마더 테레사는 늘어진 목덜미를 가진 할머니로 늙어 갈 것이다. 그리고 머지않아 죽음의 순간을 맞이할 것이다.

마더 테레사는 모두가 죽음을 준비해야 한다고 생각했다.

힌두교도들은 가난을 어쩔 수 없는 업보(카르마)라고 생각하며 현세의 삶을 무의미하게 여기는 경향이 있었다. 윤회 사상을 믿기 때문에 다음 생에 다른 사람으로 태어나 행복하게 살 거라는 게 유일한 희망이었다. 가난으로 고통받는 현실을 체념하고 운명으로 받아들였다. 그러나 아무리 고통스러웠다고 해도 소중하지 않은 삶은 없었다. 미디 테레사는 '죽어 가는 사람들의 집'의 손님들이 자기 삶을 되돌아보며 자신의 인생을 소중하게 간직하길 원했다. 참회와 용서를 통해 죽음을 준비할 수 있기를, 마음속에 원망이나 미움 대신 행복한 기억들을 간직하고 떠날 수 있기를 원했다.

'사랑의 선교회' 수녀들은 죽어 가는 이들의 육체적 상처뿐 아니라 영혼의 상처를 치유하는 일을 더 중요하게 생각했다. 수녀들은 죽어 가는 이들에게 위안을 주기 위해 노력했다. 그 일은 그들의 육체를 돌보는 일보다 어렵지 않았다. 따뜻한 손길을 나눠 주며 이제 아무 걱정 없이 편히 쉬라고 속삭여 주기만 하면 되었다. 죽어 가는 사람들은 사랑받고 있다는 평안 속에서 눈을 감았다. 그들은 길에서 죽음의 공포에 내몰린 채 죽는 일 없이 오히려 죽음을 준비하며 고귀한 모습으로 세상을 떠났다.

그러나 이들의 활동을 곱지 않게 보는 사람들도 있었다.

마더 테레사는 힌두교도들의 심한 반대에 부딪혔다. 그들은 마더 테레사가 사원을 더럽히고 있다고 불평했다. 힌두교도들은 죽음을 더럽고 사악한 것으로 생각했다. 죽어 가는 사람을 사원으로 끌어들이는 일은 불경한 짓이었고, 신을 모독하는 행위였다.

"우리를 가톨릭으로 개종시키려는 거야."

문밖에서는 마더 테레사를 향한 비난이 들끓었다.

"수녀들이 힌두교 성전을 차지하고 죽음을 끌어들이는 일을 막아야 해!"

힌두교도들은 난폭하게 몽둥이를 휘두르며 집으로 쳐들어왔다.

"마더 테레사를 쫓아내자! 마더 테레사를 쫓아내자!"

광기에 휩싸인 힌두교도들은 분노를 터뜨렸다.

마더 테레사는 수녀들의 만류에도 불구하고 그들 앞에 섰다.

"제가 테레사입니다. 무슨 일로 오셨습니까?"

힌두교도들은 아무 소리도 못 들었다는 듯이 차분하게

웃고 있는 테레사를 보고 약이 올랐다.

"저 여자가 칼리 신전을 더럽히고 힌두교도들을 개종시키려고 한다. 저 외국 여자를 죽여라!"

누군가 선동을 하자 모두 소리 맞춰 고함을 질러 댔다.

"저 외국 여자를 죽여라! 저 외국 여자를 죽여라!"

마더 테레사는 두려움 없이 담대하게 맞섰다.

"여러분이 저를 죽이면, 하느님께로 빨리 가게 되어 행복할 겁니다."

힌두교도들은 마더 테레사와 말이 통하지 않는다는 것을 알고 집 안으로 밀치고 들어갔다. 죽인다고 겁을 주었는데도 말뜻을 못 알아들으니 폭력으로라도 몰아낼 작정이었다. 그들은 야수처럼 사납게 밀어닥쳤다.

그러나 이들은 집 안의 풍경을 보고 한순간에 얼어붙고 말았다. 자신들의 눈을 의심하지 않을 수 없었던 것이다. 수녀들은 하나같이 조용한 미소를 머금고 죽어 가는 사람들을 정성스레 돌보고 있었다. 수녀들은 냄새나고 더러운 사람들의 몸을 닦아 주고 징그럽게 일그러진 상처를 닦아 주고 있었다. 죽음을 앞두고 누워 있는 사람들의 대소변을 받으면서도 얼굴 한 번 찡그리지 않는 수녀들을 보며 힌두교도들은 아무 말도 할 수가 없었다.

단순히 개종시키려는 속셈만으로는 할 수 없는 일들이었다. 그곳은 참된 사랑과 봉사의 현장이었던 것이다. 힌두교도들은 조용히 칼리 사원을 떠났다. 보통 사람들은 쉽게 해낼 수 없는 일임을 알고 있었기 때문이었다. 자기 누이가 이곳에서 똑같은 일을 해낼 수 없다면, 그 누구도 수녀들을 몰아낼 자격이 없다는 것을 깨달았다.

그들이 떠난 후 아그네스 수녀가 마더 테레사를 부축했다.

"마더, 큰일 날 뻔했잖아요. 도대체 왜 그렇게 겁이 없으세요?"

마더 테레사는 한숨을 푹 내쉬었다.

"겁이 없다고? 그 사람들이 몽둥이로 나를 내리칠까 봐 얼마나 움찔거렸는데……. 다리가 다 후들거리는구나."

수녀들은 그제야 긴장을 풀고 웃음꽃을 피웠다.

일단 고비는 넘겼지만, 종교적인 갈등은 첨예했다. 언제 다시 위험한 상황에 처하게 될지 알 수 없었다.

그러던 어느 날 몰려왔던 무리 중 한 명인 힌두교 승려가 결핵에 걸려 쓰러지는 일이 발생했다. 당시는 1950년대였고, 결핵은 죽음까지 갈 수 있는 무서운 전염병이었다. 승려는 피를 토하며 쓰러졌다. 모두 병에 전염될까 봐 두려워 그를 피했고 급기야 사원에서 쫓아내 버렸다. 승려는 거리를 헤매다가 죽어 가는 일만 남았다고 절망했다. 그때 생각난 것이 마더 테레사의 집이었다.

'쫓아내려고 난동까지 부렸던 나를 받아 줄까?'

승려는 용기를 내어 '죽어 가는 사람들의 집'을 찾아갔다. 문전박대하는 일은 일어나지 않았다. 마더 테레사와 수녀들은 오히려 반갑게 맞아 주었으며, 정성을 다해 돌봐 주었나. 승려는 마더 테레사의 보살핌으로 죽음을 평화롭게 준비할 수 있었다.

'자기 가족도 이렇게 성심껏 돌보지 못할 것이다. 전염병을 두려워하지 않으니 병이 알아서 피해 다니는 것 같다.'

승려는 병자들의 손을 덥석 잡고 심지어 그들의 이마에 입맞춤을 하는 마더 테레사를 경이롭게 여겼다.

"당신은 인간의 모습을 하고 있는 칼리 여신이 분명하십니다."

승려는 테레사와 수녀들에게 깊은 감사의 말을 남기고 죽음을 맞았다. 그의 장례식은 힌두교의 방식대로 치러졌다. 이 일이 있은 후 힌두교도들의 적대감은 눈 녹듯이 사라졌다. 마더 테레사는 칼리 사원에서 더 이상 위험한 일을 당하지 않았다.

'죽어 가는 사람들의 집'은 인종과 종교를 초월해 죽음에 임박한 가난한 사람들 누구에게나 열려 있었다. 이들은 병원에서도 받아 주지 않을 만큼 죽음이 코앞에 닥친 사람들이었다. 그들은 이 집에서 아름다운 죽음을 맞이했다. 때로 죽음을 이겨 내고 건강한 모습으로 걸어 나가는 사람들도 있었다.

마더 하우스

매일 같은 일을 반복하는 것처럼 보이는 생활이었지만, 사랑의
선교회는 나날이 그 규모가 커져 갔다. '죽어 가는 사람들의 집'을
만든 지 1년 만에 수녀들의 숫자는 28명으로 늘어나 있었다. 인도
의 곳곳에서 마음속 소명을 느낀 자매들이 마더 테레사의 집으로
찾아왔다.

고메스 형제의 집에 거처를 정한 지 4년이 되어 가고 있었다. 처
음에는 혼자였다. 그러다 스바니시가 왔고, 막달레나가 왔다. 마더
테레사는 그들이 없었다면 아무 일도 이룰 수 없었을 것이라 생각
했다. 그들은 마더 테레사의 딸이자 자매이자 어머니였다. 한집에서
함께 살며 힘든 일을 해 왔기 때문에 이미 한 가족이나 다름없었다.

고메스의 집은 28명의 수녀를 수용하기에는 비좁았다. 점점 늘어나는 수녀들을 위한 새로운 집이 필요했다. 마더 테레사는 이사할 계획을 세웠다. 아무런 준비가 없었지만, 마더 테레사는 언제나 그랬듯이 기도를 하며 활로를 모색했다. 하느님이 그들을 위해 예비하신 것이 있다고 확신하고 있었다.

그렇다고 마더 테레사는 가만히 앉아서 기도가 모든 것을 해결해 줄 거라고 믿는 사람이 아니었다. 그는 기도하는 행동가였다. 마더 테레사는 새로운 집을 찾아 거리로 나섰고, 몸이 지칠 때에야 집으로 돌아왔다. 행운은 찾아 헤매는 사람에게 찾아오는 법이었다.

어느 날 마더 테레사는 길에서 어떤 사람과 마주쳤다. 그는 마더 테레사를 알아보고 인사를 건넸다.

"수녀님이 집을 구하고 있다는 소식을 들었습니다. 제가 적당한 집을 알고 있는데 따라오시겠어요?"

아무런 의심도 없이 마더 테레사는 그의 뒤를 따랐다. 그는 마더 테레사를 로우어 서큘러 로드 54번지로 데리고 갔다. 그곳에는 3층으로 지어진 큰 집이 있었다.

"이렇게 좋은 집을 살 돈은 없는데……."

마더 테레사는 한숨을 푹 내쉬었다. 마땅한 장소로 생각되었지만, 집을 살 능력이 없었다. 안내해 준 사람은 아무 소리도 없이 사라져 버렸다.

그런데 믿기 힘든 일이 일어났다. 이슬람교도인 그 집 주인이 마더 테레사가 와서 집을 보고 갔다는 소식을 듣고 연락을 해 온 것이었다. 마더 테레사는 자신을 그 집으로 안내해 준 사람이 혹시 천사는 아니었을까 생각했다.

"집은 신이 나에게 준 것이니, 다시 신께 돌려드릴까 합니다."

집주인은 종교를 뛰어넘어 평소에 마더 테레사의 활동에 큰 관심을 가지고 있었다. 주인은 막대한 손해를 보면서도 아주 싼값에 집을 넘기겠다고 했다. 마더 테레사는 교구에서 무이자로 돈을 대출받아 집을 구입했다.

이슬람 양식으로 지어진 이 집은 '마더 하우스'라고 불리게 되었다. 1953년에 세워진 이곳 마더 하우스는 50년이 넘은 지금까지 사랑의 선교회 본부로 사용되고 있다. 수녀들이 묵는 숙소였지만, 이곳은 봉쇄된 수도원이 아니었다. 마더 하우스의 문은 언제나 개방되어 있었다.

수녀들은 이곳에서 더욱 가난하게 살았다. 사람들이 세탁기나 편리한 도구들을 기증하려 했지만 마더 테레사는 그때마다 정중히 거절했다. 사랑의 선교회는 가난하게 살기로 서약한 수녀들의 모임이었던 것이다.

"가난한 사람들처럼 살지 않으면 진정으로 가난한 사람들을 이해할 수가 없습니다. 가난 속에서 겪는 불편과 고통을 감수하는 것은 우리에게 소중한 일입니다."

그러나 전화기만은 기증받았다. 긴급한 상황을 대비해 전화기는 꼭 필요한 물건이었다. 마더 하우스의 성당에는 다음과 같은 예수 그리스도의 말씀이 적혀 있었다.

나는 목이 마르다. 가난한 사람들에게 사랑과 동정을 다하여 음료수를 주는 것은 목이 마른 하느님께 음료수를 드리는 것과 같다.

이사를 한 후에도 하루 일정은 똑같이 진행되었다. 매일 5시에 일어나 미사를 드린 후 각자가 맡은 집안일을 하고 세상에 나갈 준비를 했다. 사람들은 아침 8시만 되면 가난한 이들에게 줄 음식 보따리를 짊어지고 마더 하우스를 나서는 수녀들을 볼 수 있었다. 이들은 둘씩 짝을 지어 거리 곳곳으로 흩어져 일했다.

점심을 먹기 위해 집으로 돌아오면 수녀들의 사리는 땀으로 흠뻑 젖어 있기 마련이었다. 언제나 깨끗한 모습을 하기 위해 새 옷으로 갈아입고 사리를 빨아 너는 것도 중요한 일 중의 하나였다. 마더 테레사와 수녀들은 기도를 하면서 하루를 마감했는데, 짬짬이 바느질을 하거나 수공예품을 만들기도 했다.

마더 테레사는 점점 더 고향의 어머니를 닮아 가고 있었다. 테레사는 어머니처럼 검소하게 생활하며 하루 종일 열심히 일하고, 가난한 이웃을 찾아다니며 도왔다. 그리고 아버지가 돌아가신 후 생계를 위해 바느질을 했던 어머니처럼 밤이 늦도록 바느질을 했다.

수녀들은 마더 하우스를 따뜻한 가정같이 느꼈다. 꾸중보다는 칭찬하길 좋아하는 인자한 어머니가 있었고, 함께 웃을 수 있는 좋은 자매들이 있었다. 그 모습이 아주 먼 옛날 발칸반도의 한 가정의 풍경과 닮았다는 사실을 아는 사람은 아무도 없었다.

'사랑의 선교회'에는 가난한 이들의 모진 삶을 감당하기에는 너무도 어리고 연약한 수녀들도 있었다. 그러나 그들은 거리에서 불타는 태양과 맞서며 가난한 이들을 돌보았다. 아무리 나약한 수녀라도 거리에 나서면 세상에서 가장 힘이 센 여성이 되었다. 그들에게 힘을 주는 것은 바로 기도였다.

마더 하우스의 하루는 기도로 시작해서 기도로 끝났다.

"하느님, 많은 가난한 사람들이 자기를 발견해 주길 기다리고 있습니다. 그들은 힘이 없어 우리를 소리쳐 부르지 못할 것입니다. 우리가 항상 두리번거리며 숨은 그림을 찾듯이 그들을 찾아내야 합니다. 우리에게 밝은 눈을 주시어 아무리 어두운 곳에 가더라도 가난한 이들을 금세 알아볼 수 있도록 도와주옵소서."

수녀들의 기도 제목은 언제나 가난한 사람들을 위한 것이었다.

캘커타는 소란스러운 도시였고, 로우어 서큘러 54번지도 다를 바가 없었다. 수녀들은 버스나 전철이 지나갈 때 건물이 덜컹거리는 것을 느끼면서도 침묵 속에서 기도를 올리곤 했다. 기도는 인간한 고독과 침묵을 이해하는 사람들의 것이었다. 목청껏 떠들거나 유창한 말솜씨는 필요 없었다. 하느님께로 가 닿는 기도는 서툴고 어눌해도 영혼을 다하는 기도였다. '사랑의 선교회' 수녀들은 거리를 지키는 파수꾼임과 동시에 기도를 통해 신께로 가 닿으려고 노력하는 수도자들이었다.

"나는 한순간도 기도를 떠나 살 수 없어요. 기도가 없다면 나와 수녀들은 힘든 일을 견딜 수 없을 겁니다."

마더 테레사는 사람들에게 그렇게 말하곤 했다.

캘커타의 중심에 '사랑의 선교회' 본부가 생기면서 마더 테레사는 안정적으로 활동을 할 수 있게 되었다. 낡은 책상 몇 개가 전부이지만 이곳에서 필요한 모든 업무를 처리할 수 있었다. 훗날 사랑의 선교회가 세계 곳곳에서 생겨나 그 규모가 국제적으로 커지게 되었을 때도 마더 하우스의 모습은 변하지 않았다.

사람들은 이제 마더 테레사를 만나려면 어디로 가야 할지 알게 되었다. 마더 테레사가 집에 있으면 '마더 테레사, 안에 있음'이란 작은 표지판이 걸렸다. 외출 시에도 표지판이 걸렸다. 누구든 문을 두드리기만 하면 마더 테레사를 만날 수 있었다. 마더 테레사는 예전에 어머니가 그러했듯이 집을 찾아온 손님을 거절하는 법이 없었다.

마더 테레사는 그렇게 캘커타의 이웃집 사람이 되었다.

때 묻지 않은 아이들의 집

1955년 '마더 하우스' 근처에는 새로운 집이 열렸다.

이름은 '때 묻지 않은 아이들의 집'이라는 뜻의 힌디어 '니르말라 시슈 브하반'이라고 지었다. 마더 테레사는 캘커타에서 20년이 넘는 세월을 살면서 힘든 일을 많이 겪었지만, 아이들의 비극을 보는 것만큼 가슴 아픈 일은 없었다. 전쟁과 가난 때문에 부모를 잃거나 버림받은 아이들은 집도 없이 거리를 헤매고 있었다. 마더 테레사는 그런 아이들을 모두 집으로 초대했다. '때 묻지 않은 아이들의 집'은 죄 없이 고통받는 아이들을 위한 집이었다.

어느 날 한 수녀가 거리에서 거지 생활을 하는 여자아이를 데리고 왔다. 얼굴은 검게 찌들어 있고, 머리카락은 아무렇게나 엉켜 있는 더러운 아이였다. 수녀들은 아이를 깨끗하게 씻기고 새 옷으로 갈아입게 했다.

처음에는 어리둥절해하다가도 아이들은 쉽게 적응하기 마련이었다. 그런데 이 여자아이는 다른 친구들과 어울려 놀지도 않았고, 계속 두리번거리기만 했다. 아이는 잠시 후 감쪽같이 사라져 버렸다. 집에서 도망쳐 버린 것이었다. 다음 날 수녀들은 거리를 걷다가 동냥을 하고 있는 그 아이를 발견했다. 수녀들에 이끌려 '때 묻지 않은 아이들의 집'으로 돌아왔지만, 아이는 다시 도망치고 말았다.

"혹시 우리가 무슨 큰 잘못을 한 게 아닐까요?"

수녀들은 걱정이 이만저만이 아니었다.

"다음에 아이를 만나면 꼭 따라가 보세요."

마더 테레사가 말했다.

수녀들은 거리 어디에나 있었기 때문에 그 아이를 찾아내는 일은 그리 어렵지 않았다. 아이를 발견한 수녀는 아이를 뒤따라갔다. 수녀는 나무 밑에 누워 있는 아이의 어머니를 발견할 수 있었다. 아이는 나무 밑에서 어머니와 단둘이 돌을 베개 삼아 살고 있었다. 어머니는 몹시 병약해 보였다.

수녀로부터 이야기를 전해 들은 마더 테레사는 아이가 있는 곳으로 찾아갔다. 불안해 보이던 아이의 모습은 어디에서도 찾아볼 수가 없었다. 어머니와 함께 있는 아이의 얼굴은 환하게 빛나고 있었다. 아이는 어머니가 듣고 있는지 자꾸 확인하면서 무어라고 재미있게 이야기를 하고 있었다. 어머니는 기운이 없어 아무 말도 못했지만, 눈동자에는 아이에 대한 사랑이 가득 차 있었다.

"우리 집으로 가지 않을래? 그곳에 가면 맛있는 것도 먹을 수 있고 잠도 편하게 잘 수 있단다."

수녀의 말에 아이는 고개를 설레설레 흔들었다.

"나는 엄마랑 여기서 살 거예요. 난 엄마가 세상에서 제일 좋아요."

길거리의 비참한 삶이라 해도, 이 아이가 가장 행복할 수 있는 장소는 바로 어머니의 곁이었다. 마더 테레사는 어머니도 함께 집으로 초대했다.

"정말이에요? 거긴 고아원인데, 우리 엄마도 거기에 가도 돼요?"

아이는 눈을 동그랗게 떴다.

"그럼, 이제 거기가 네 집이란다."

아이는 신이 나서 수녀들을 따라나섰다.

아이들에게 필요한 것은 맛있는 밥과 따뜻한 잠자리뿐만이 아니었다. 아이들에게는 어머니가 필요했고, 가족이 필요했다. 가정의 따뜻한 사랑이 필요했다. '때 묻지 않은 아이들의 집'에서 아이들은 어머니의 따뜻한 사랑 안에서 자랄 수 있었다. 아이들은 수녀들을 엄마라고 부르며 따랐고, 수녀들은 아이들의 진짜 엄마가 되어 주었던 것이다.

많은 사람들이 예쁜 아이, 깨끗한 아이, 건강하고 말 잘 듣는 아이만 예뻐했다. 부모를 잃고 악을 쓰며 우는 거리의 아이들, 어딘가 아파서 보통 아이와 다른 생김새를 가진 아이들은 외면하는 이들이 많았다. 심술궂거나 예쁘지 않고 더럽더라도 아이들은 똑같이 사랑받아야 할 존재들이었다. 아이들에게는 무조건적인 보살핌과 사랑을 주어야 했다. 어머니의 사랑이란 바로 그런 것이었다.

마더 테레사의 집에서는 고아원에서조차 외면한, 세상에서 가장 외로운 아이들을 받아들였다. 질병으로 고통받는 아이, 배고픔으로 죽어 가는 아이, 정신지체아, 장애아 들을 환영했다. 그 아이들은 어쩌다가 몸이 아프게 되었지만 아무런 죄가 없는 천국의 아이들이었다.

그런 아이들은 어디에나 있었다.

"수녀님, 저기에 뭔가 꿈틀거리는 게 있어요."

하루는 길을 걸어가던 한 수녀가 소리쳤다. 달려가 보니 시궁창 안에 한 주먹도 안 될 만큼 작은 포대기에 돌돌 말려 있는 갓난아기가 보였다. 마더 테레사는 아기를 건져 냈다. 온갖 오물이 연약한 아이의 눈과 귀에 가득했다.

"아직 살아 있어요."

마더 테레사는 아기를 안고 집을 향해 뛰었다. 가까스로 아기의 목숨은 건질 수 있었지만, 아기는 오랫동안 치료를 받아야 했다. 아기는 미숙아로 태어났고, 부모에 의해 쓰레기처럼 시궁창에 던져졌던 것이다. 아기는 많이 회복되었지만, 태어나자마자 영양실조를 겪는 바람에 제대로 발육하지 못했다.

이처럼 갓난아기들이 버려지는 일은 더 심각한 문제였다. 마더 테레사는 병원이나 조산원에 버려진 아이를 보내 달라고 편지를 썼다. 미숙아든 장애아든 아이들은 모두 받아들이겠다고 썼다. 몸이 정상적이지 못하다는 이유로 버려진 아이들이 속속 집으로 보내졌다. 정성스러운 보살핌에도 안타깝게 죽는 아이들도 많았다.

경찰들이 길에서 주운 아기들을 데려오는 일도 잦았다. 어떤 경찰은 수녀들의 일이 헛수고라는 말도 했다.

"금세 죽을 애들인데 이렇게 힘들게 돌볼 필요가 있는지 모르겠군요. 애들은 어차피 아무것도 모르지 않습니까? 그럴 시간에 더 가치 있는 일을 하는 게 낫지 않을까요?"

경찰이 말했다.

"아이들에게 아픔은 견디기 어려운 공포입니다. 너무도 무서워 울고 있는데 아무것도 모르다니요. 죽게 될 아이일수록 더 깊은 사랑을 주어야 합니다. 아이가 외롭게 죽어 가게 할 수는 없습니다. 이보다 더 가치 있는 일은 없습니다."

마더 테레사는 부드럽지만 또박또박한 목소리로 말했다. 마더 테레사는 아이를 안아 올렸다. 그리고 고귀한 이마에 입을 맞췄

다. 아이가 세상에 대한 좋은 기억을 갖고 떠날 수 있기를 바랄 뿐이었다.

바피는 특별한 아이였다. 마더 테레사는 바피가 처음 왔던 날을 또렷하게 기억하고 있었다. 바피는 어머니의 등에 업혀 집으로 왔다. 꼬마는 창백하게 굳어 있었다.

"제발 제 아들을 돌봐 주세요."

어머니는 마더 테레사를 보자마자 눈물을 흘렸다. 바피는 다발성 경화증 환자였다. 자기 손과 발을 마음대로 움직이지 못하다가 병이 심해지면 온몸이 완전히 마비될 수도 있는 무서운 병이었다. 바피의 어머니는 가난해서 병든 아이를 위해 약 한번 써 보지 못했다. 아이 아버지가 세상을 떠난 후에는 세탁부로 일하느라 아이를 돌볼 수도 없었다. 어머니는 가난과 억센 노동으로 무척 지친 데다 아이의 병으로 고통스러워하고 있었다.

"아무 걱정 마세요. 우리가 아이를 돌보겠습니다."

수녀들은 바피를 정성껏 돌보았다. 바피는 스스로 할 수 있는 일이 아무것도 없었다. 말도 하지 못했다. 바피와 이야기를 하려면 그애의 눈을 들여다보아야 했다. 슬픈 바다와 같은 눈이었다. 바피는 모든 것을 눈으로 말했다. 기쁠 때면 눈동자는 환하게 웃고 있었고, 슬플 때면 눈동자에는 금세 눈물이 고였다. 그것은 영혼의 대화였다. 바피는 침묵 속에서 세상에서 가장 아름다운 목소리로 말하고 있었던 것이다.

바피의 어머니는 세탁부로 일하면서 가끔씩 바피를 만나러 왔다. 아이에게는 어머니만큼 소중한 존재는 없었다. 어머니가 오면 바피의 눈에는 행복한 웃음이 가득했다. 그리고 어머니와 헤어질 때면 소리 없이 서럽게 울었다.

다행히 바피는 건강하게 자라났다. 꼼짝하지 못하고 침대에 누워서 생활해야 했지만, 하루하루 나아지고 있는 모습을 보여 주었다. 매주 찾아오던 어머니의 발길이 뚝 끊긴 것은 바피가 열 살이 되던 해였다. 바피의 어머니는 세상을 뜬 것이 분명했다. 아무도 말을 하지 않았건만 바피 또한 그 사실을 눈치채고 있었다. 아이는 조용히 아픔을 이겨 냈다.

바피는 '때 묻지 않은 아이들의 집'에서 스무 살까지 살았다. 15년이 넘는 세월 동안 함께 살아왔기 때문에 바피는 수녀들의 친아들이나 마찬가지였다. 그런 바피가 끝내 세상을 떠나고 말았을 때, 수녀들은 아들을 잃은 어머니의 아픔을 겪어야 했다.

그 집에는 바피와 같은 아이들이 많았다. 모든 아이들이 마더 테레사의 가슴에 보석과 같이 간직되었다. 마더 테레사는 진짜 어머니가 되어 가고 있었다. 어머니가 되어 아이를 키운다는 것은 가장 고귀하고 힘든 일이었다. 때로는 젊은 수녀들처럼 아픈 아이를 어찌할 바를 몰라 갈팡질팡하기도 했고, 아이 때문에 안타까움과 고통의 눈물을 흘리기도 했다. 그러다가도 아이가 함박웃음을 지어 주면 모든 시름을 잊었다. 아이가 주는 기쁨은 한없이 컸다. 이곳에서 아이를 안고 활짝 웃는 마더 테레사를 보는 것은 그리 어려운 일이 아니었다. 한 아이의 어머니가 되지는 못했지만, 마더 테레사는 수많은 아이들의 따뜻한 어머니가 되었다.

아이들을 키우면서 마더 테레사는 고향의 어머니를 늘 생각했다. 그리고 마음속 깊은 감사의 뜻을 전했다. 어머니가 준 큰 사랑이 없었다면 사랑을 베풀 수 있는 사람이 될 수 없었을 거라고 생각했다. 사랑은 전염되는 것이었다. 어머니가 어린 아그네스에게 준 사랑은 이제 마더 테레사를 통해 버려진 아이들에게 전해졌다. 마음속에 깊은 상처를 입었지만, 아이들은 미움 대신 사랑을 아는 사람으로 자라났다.

때 묻지 않은 천사들이 머무는 '시슈 브하반'은 캘커타의 곳곳에 세워졌다. 차가운 길바닥에서 죽어 가는 사람들이 줄어들었듯이, 집을 잃고 헤매며 자라나는 아이들도 줄어들었다. 사람들은 가난은 어쩔 수 없는 것이라 했고, 길거리에서 죽어 가는 사람과 아이들을 구하는 건 무의미한 낭비라고 했다. 그러나 시간이 흐르면서 많은 것들이 달라지고 있었다. 한 사람과 한 아이를 구하는 것에서 시작해 수백, 수천, 수만의 사람들을 구할 수 있게 된 것이다.

그것은 분명 사랑이 낳은 기적이었다.

설탕 한 통만큼의 사랑

신비로운 사랑. 마법과 같은 사랑. 사람들은 마더 테레사의 사랑에 어떤 비밀이 숨어 있을 거라 생각했다. 분명 특별한 비법이 있을 거라고 말이다. '사랑의 선교회' 활동이 점차 확대되면서 많은 사람들이 마더 테레사의 이야기를 듣고 싶어 했다.

"나의 사랑은 당신도 익히 알고 있는 아주 평범한 사랑입니다."

"하지만 무언가 특별한 것이 있으니 수많은 사람들을 도울 수 있는 것 아닐까요? 수녀님은 평범한 사람들은 할 수 없는 일들을 하고 있지 않습니까?"

누군가 물었다.

"나는 대중을 돕기 위해 일한 일이 없습니다. 구체적인 한 사람을 사랑하는 일을 했을 따름입니다."

어떤 사람들은 마더 테레사와 수녀들이 사소하고 변변하지 못한 일에 매달리고 있다고 말하기도 했다. 인류를 구원하려면 더 거창한 무엇인가가 필요하다고 생각하는 사람들도 있었다. 마더 테레사는 가난한 사람들을 위해 일하면서 수도 없이 그런 말들을 들어 왔다. 거창한 것이 무엇일까, 항상 의아할 수밖에 없었다. 마더 테레사는 이상주의자가 아니었다. 마더 테레사는 낡은 샌들을 신고 발이 땅에 갈리도록 걸어 다니며 외롭게 쓰러져 있는 오직 한 사람을 구하기 위해 일했다. 그 외의 방법은 생각해 본 일이 없었다. 마더 테레사에게 사랑은 생각하는 것이 아닌 행동하는 것이었다.

언젠가 수녀들은 빈집에서 홀로 죽은 여자의 시체를 발견한 적이 있었다. 이미 썩어 가고 있었는데도, 이웃에 사는 사람들은 이 사실을 전혀 몰랐다. 심지어 여자의 이름을 아는 사람도 없었다. 누군가 단 한 사람이라도 그 여인에게 관심을 가졌더라면, 그 여인은 그렇게 이름도 없이 쓸쓸하게 죽지는 않았을 것이다.

"당신의 이웃집에서 누군가 고통 속에서 죽어 가고 있을지 모릅니다. 지금 당장 누군가의 도움을 절실하게 기다리고 있는 단 한 사람의 이웃을 도우십시오. 그것이 가장 좋은 방법입니다."

사랑은 바로 한 사람을 사랑하는 것에서 시작하는 것이었다.

거지 아이가 동전을 건넸을 때처럼 마더 테레사는 진짜 사랑을 아는 사람들을 만나기도 했다. 캘커타에 실딩이 바닥났을 때, 사랑의 선교회도 큰 어려움을 겪었다. 그때 설탕 한 통을 기증받았다.

"저는 3일 동안 설탕을 먹지 않을래요. 제 설탕을 고아들에게 주고 싶어요."

겨우 네다섯 살 정도의 힌두교도 어린이였다. 아이는 맛없는 빵을 먹으며 달콤한 설탕의 유혹을 참았다. 설탕 한 통은 너무도 적은 양이었다. 아무것도 할 수 없는 쓸모없는 것일 수도 있었다. 그러나 거기에는 숭고한 희생과 사랑이 담겨 있었다.

마더 테레사는 그날 다음과 같은 글을 썼다.

사랑은 그런 것입니다. 남는 것을 내주는 것이 아니라, 자기의 전부를 주는 겁니다. 고통이 따를 때까지 자기를 내주는 겁니다. 등잔이 자기 심지를 태워 밝은 등불을 밝히는 것처럼, 여러분도 상처받을 때까지 사랑하십시오.

사람들이 상처를 받기 두려워한다는 것은 알고 있었다. 사람들은 손해를 보지 않기 위해, 상처를 받지 않기 위해 다른 사람에게 사랑을 주는 일을 두려워했다. 상대가 알아주지 않는다면 희생이 무의미한 것이라 여겼다. 거창한 것을 이룰 수 없는 봉사는 쓸데없는 시간 낭비라고 여겼다.

142

어깨를 짓누르는 듯한 피로가 밀려들었지만, 마더 테레사는 밤이 깊도록 잠자리에 들지 않았다. 그는 촛불을 밝히고 글을 썼다. 다음 날 새벽부터 일어나야 했으므로 항상 수면이 부족한 상태였다. 마더 테레사의 눈가에는 깊은 피로감이 쌓였고, 어느새 주름이 깊어 가고 있었다. 그래도 글을 쓰는 밤은 너무도 소중했다.

후원자들이 보내 준 편지에 일일이 감사의 답장을 썼고, 다음 일을 계획하며 일기를 쓰기도 했다. 글쓰기는 마더 테레사에게 대화와 같은 것이었다. 그는 항상 다른 사람에게 이야기하듯이 글을 썼다. 그것은 사랑과 봉사를 호소하는 글들이었다. 마더 테레사는 사상가도 아니었고, 지도자도 아니었다. 다만 누군가 한 사람이라도 자기 이야기를 듣고 가난한 사람을 도울 수 있게 되기를 소망할 따름이었다. 단 한 사람을 구하는 일이 중요하듯이, 단 한 사람이 베푸는 작은 사랑 또한 소중한 것이었다.

촛불 아래서의 노력은 결실을 맺고 있었다.

인도에서의 기적이 세계로 알려지게 되면서 마더 테레사는 국제적인 도움을 받을 수 있게 되었다. 1954년 '마더 테레사 협력자 국제협회'가 생겼던 것이다. 수도원을 떠나 거리로 나온 지 6년 만의 일이었다. 이제 외국에서도 인도에 큰 관심을 갖게 되었고, 마더 테레사에게 소중한 기부금을 보내왔다.

그 돈으로 빈민가의 곳곳에 집을 지을 수 있었고, 많은 이들을 먹이고 입힐 수가 있었다. 많은 사람들의 소중한 정성이 모여서 이루어진 일이었다.

미국의 한 아이는 자기 용돈 3달러를 보내오기도 했다. 마더 테레사는 아이들의 손때 묻은 돈을 너무도 소중하게 생각했다.

"꼭 훌륭한 일에 쓰도록 하마."

마더 테레사는 짧게라도 답장을 꼭 써 보냈다. 그리고 그 아이들에 대한 기억을 모두 마음속에 간직했다.

어느 날 문을 두드리는 소리에 나가 보니 한 아이가 서 있었다. 마더 테레사를 보자마자 아이는 동전이 가득 찬 저금통을 불쑥 내밀었다.

"가난한 사람들에게 주세요."

마더 테레사가 어깨를 구부리자 아이만큼 작아졌다.

"정말 고맙구나. 이 돈으로 배고픈 아이들을 마음껏 먹일 수 있을 거다."

아이는 자랑스러워하며 어깨를 쭉 펴고 집으로 돌아갔다.

자기 월급을 몽땅 보내온 젊은이도 있었다. 결혼식의 피로연을 생략하고 그 돈을 기부한 사람들도 있었다. 작은 가게에서는 식료품을 보내오기도 했고, 농촌에서는 애써 가꾼 농작물을 보내오기도 했다.

무작정 시작한 일이었지만, 마더 테레사는 이제 혼자가 아니었다. 곁에는 가난한 사람들을 위해 헌신하는 수녀들이 있었고, 도움을 주는 사람들이 어디에나 있었다.

마더 테레사는 내일을 걱정하지 않았다.

"돈은 필요할 때면 어떻게든 생기게 마련입니다. 하느님이 다 마련해 주십니다."

마더 테레사는 항상 빈털터리였지만, 돈 걱정을 하는 일은 없었다. 오늘 도움을 필요로 하는 사람이 있다면, 내일을 위해 준비해 둔 것까지 다 내주었다. 큰 사랑을 보태 주는 사람들이 늘 곁에 있기 때문이었다.

'사랑의 선교회'에 수녀가 되겠다고 찾아오는 자매들도 점점 늘었다. 마더 테레사는 우선 1년간 체험하는 시간을 주었다. 성경에 나온 구절을 따서 이 체험의 시간을 '와서 보는 일(come and see)'이라고 불렀다. '죽어 가는 사람들의 집'과 '때 묻지 않은 아이들의 집'에서 일을 하면서 겪어 보는 일이었다. 죽어 가는 이들의 몸을 씻고 그들의 시중을 들면서 임종을 지키고, 고아들을 어머니처럼 돌보는 일을 해야 했다.

1년 후에는 결정할 시간이 주어졌다. 마음속에 분명한 소명이 있다면 비로소 2년의 수련 기간에 들어가게 되었다. '사랑의 선교회'에서의 일은 너무도 고달프고 어려운 일이었다. 그들은 스스로 가난한 삶을 택하는 것이다. 1년이 되기 전에 포기하는 이들도 있었지만, 많은 수녀들이 마더 테레사의 곁에 남아 있었다.

수녀들이 늘어나고 있었지만, 늘 일손이 모자랐다. 그럴 때마다 도처에서 사랑을 실천하기 위해 찾아오는 자원봉사자들이 있었다.

"여러분의 도움이 없다면 우리는 아무 일도 할 수 없을 겁니다."

마더 테레사는 늘 자원봉사자들에게 감사드렸다.

일이 많아지면서 남자들의 도움이 어느 때보다 절실했다. 수녀들의 힘으로는 해낼 수 없는 일들이 너무 많았다. 수녀들은 몸을 아끼지 않고 일을 했지만, 때때로 힘에 부칠 때가 많았다. 집을 지을 때도 환자들을 옮길 때도 도울 수 있는 사람이 있으면 좋겠다고 생각했다.

그럴 때 도움을 준 사람들은 바로 남자 자원봉사자들이었다. 자원봉사자들은 일정 기간 도움을 준 후에 자기 고향으로 돌아가곤 했지만, 끝까지 마더 테레사 곁에 남아 있고자 하는 사람들이 생겼다.

페르디난드는 탄광에서 일하던 젊은이였다. 그는 마더 테레사를 돕고 싶다는 생각 하나로 캘커타에 왔다. 처음에는 잠시 도움을 주려고 했지만, '사랑의 선교회'의 활동을 보고 영혼의 감동을 얻었다. 그는 수사*가 되어 가난한 사람들을 위해 봉사하고자 했다.

앤드루 수사도 동참했다. 그는 원래 예수회에서 수도자 생활을 하던 사람이었다. 그 역시 검은 수도복을 벗고 마더 테레사와 함께

거리로 뛰어들었다. 1963년에는 '사랑의 선교회'와 함께 활동하는 '사랑의 선교 수사회'가 정식으로 인정받게 되었다.

수사란 가톨릭 수도원에서 수도하는 남자를 지칭하는 말이었다. '사랑의 선교 수사회' 수사들도 기도와 묵상의 생활을 했다. 그러나 그들은 수도복을 걸치고 침묵하는 사람들이 아니었다. 마더 테레사가 인도인의 옷인 사리를 입고 거리에 나갔듯이 수사들도 인도인의 모습으로 일했다. 그들의 수도복은 가난한 사람들이 입는 작업복이었다.

'사랑의 선교회'는 점점 더 행동력 있는 수도회가 되었다. 인도의 가난한 사람들은 어디서나 수녀들과 수사들, 자원봉사자들을 만날 수 있었다.

자기 삶을 모두 바친 사람들, 그리고 직접 찾아와 도움을 주는 사람들, 멀리서 격려의 편지와 기부금을 보내 주는 사람들. 마더 테레사는 그들 모두가 설탕 한 통만큼의 사랑을 하는 사람들이라고 생각했다. 그들은 남아 있는 사랑을 주는 게 아니라 자기의 온 마음을 다 주는 사랑을 하고 있었다. 고귀한 사랑이었다.

---

* 신부가 성직자로서 교회의 여러 가지 업무를 맡는 교역자라면, 수사는 정결, 청빈, 순명을 맹세하고 수도의 삶을 사는 수도자들을 말한다.

4장

소외된 모든 이들의 어머니로

문둥병자들에게 돌을 던지지 말라

    가난하지 않은 사람들은 가난이 어떤 것인지 잘 알지 못한다. 가난이란 단지 돈이 없어 대단히 불편한 상황이라고 말하기도 한다. 그러나 마더 테레사가 활동하던 때의 인도는 단순히 불편한 정도의 가난에 처한 것이 아니었다. 마더 테레사가 빈민굴에서 겪은 가난은 폐허 위에 몸을 엎드려야 하는 처참한 것이었다. 녹슨 고철처럼 땅바닥에 떨어져 죽어 가야 하는 가난이었던 것이다. 그것은 완전한 결핍이었다.

    병든 자들의 경우는 더욱 심각했다. 그들은 병들었다는 이유로 가족들에게 버림받고 세상 사람들에게 외면당했다. 병든 자들의 마음의 상처와 외로움은 육체의 아픔보다 훨씬 큰 고통이었다. 그들은 몸이 아닌 마음의 통증 때문에 울어야 했다.

'이토록이나 착한 사람들을…….'

마더 테레사는 병든 사람들의 눈빛을 볼 때마다 가슴이 아팠다. 그들은 병상에 누워 있다가 수녀들이 지나가면 사랑을 원하는 아이들처럼 애절한 눈길을 보내곤 했다. 마더 테레사는 그들의 손을 늘 꼭 잡아 주었다. 그리고 사랑하고 있다고 말해 주었다. 마더 테레사는 보다 많은 병자들을 돌보기 위해 애를 썼다.

병든 사람들이 마더 테레사를 찾아오는 일도 있었다.

계절풍이 몰아치던 어느 여름날 밤, 마더 하우스에 낯선 사람들이 방문했다. 그들은 악몽에서 막 걸어 나온 사람들처럼 비바람 속에 서 있었다. 그들은 다 해진 천으로 몸을 둘둘 말고 고개를 푹 수그리고 있었다. 비밀스러운 냄새가 났다.

"무슨 일로 오셨는지 모르겠지만, 거기 서 있지 말고 일단 들어오세요."

손님을 빗속에 세워 둘 수는 없는 노릇이었다. 그러나 그들은 마더 테레사의 권유에 멈칫했다. 무언가 음모를 꾸미는 사람들처럼 자기들끼리만 무어라고 속삭이더니, 제일 앞에 선 사람이 말했다.

"마더 테레사님, 우리가 거기에 들어가도 됩니까?"

그는 무척 조심스러워했다.

"안 될 이유가 뭐가 있나요?"

마더 테레사가 웃었다. 그러자 그들이 머리에 눌러쓴 천을 벗었다. 그들은 붕대를 둘둘 말고 있었는데, 얼굴은 알아볼 수 없을 정도로 심하게 문드러져 있었다. 손가락은 모두 떨어져 나가고 없었다.

"우리는 문둥이들입니다."

그들은 바로 나병 환자들이었다.

"수녀님이 병든 사람들을 받아 준다고 하는데, 우리 같은 문둥이도 도와주실 수 있는지 궁금해서 찾아왔습니다."

"물론입니다. 어서들 들어오세요."

마더 테레사는 그들을 방으로 안내했다.

나병은 한센병이라고도 하는데, 피부가 감염되어 심하게 썩어 가는 병이었다. 치료가 전혀 불가능하던 당시에는 하늘에서 내린 형벌이라고 일컬어졌다. 얼굴과 손과 발이 문드러진다고 해서 문둥병이라고 부르기도 하는데, 이 때문에 사람들은 나병 환자들을 흉측한 괴물이라고 생각했다. 세균에 의한 감염이라 주로 더운 나라 사람들이 많이 걸리는 병이었다. 당시 인도는 수많은 질병에 시달리고 있었고, 나병도 그중 하나였다.

나병 환자들은 사회에서 천대받고 있는 접촉해서는 안 될 사람들(불가촉민)로 분류되어 있었기 때문에 자기들끼리 모여 살며 밖으로 돌아다니지 않았다. 그들은 병에 걸린 천민 중의 천민이었다.

마더 테레사는 문둥병자인 그들에게도 따뜻한 음식을 내주고 잠

자리를 제공해 주었다. 하지만 그들은 마더 테레사의 친절에 의혹의 시선을 보냈다. 나병이 걸린 이후로 숱한 수모를 당해 왔기 때문이었다.

그들은 마더 하우스에서 하룻밤을 보냈다. 다음 날 환자들은 마더 테레사를 자기들의 마을 티타가르로 안내했다.

마을로 가는 동안 마더 테레사는 험한 일을 당했다. 그들이 지나가자 어른, 아이 할 것 없이 경악을 금치 못했다.

"문둥이들이다!"

사람들은 돌을 던지거나 욕설을 퍼붓고는 도망쳤다. 끔찍한 일이 벌어지고 있는데도 환자들은 담담한 모습이었다. 문둥병자에 대한 사람들의 공포심은 대단한 것이었다. 문둥병자에 대한 갖가지 해괴망측한 이야기들만 보아도 그랬다. 문둥병자는 완전한 이방인이었다.

문둥병자들의 마을은 보통 사람들이 접근할 수 없는 곳에 숨어 있었다. 빈민굴보다 더 처참한 빈민굴을 발견하고 마더 테레사는 충격을 받았다.

사람들은 마더 테레사가 나타나자 움막 안으로 재빨리 사라져 버렸다. 오랜 병 때문에 사람들은 형체를 알아볼 수 없는 모습을 하고 있었다. 그들은 숨는 일에 익숙해 보였다.

문둥병 환자들과의 만남은 마더 테레사에게 뜻 깊은 사건이었다.

'하느님은 언제나 나의 할 일을 예비해 두신다.'

문둥병자들이야말로 가난한 사람들 중에서도 가장 가난한 사람들이었다. 이제 새로운 일이 마더 테레사 앞에 주어졌다.

질병의 땅에 새로운 희망을 심기 위해 마더 테레사는 백방으로 뛰어 다녔다. 우선 나병에 관해서 의학 공부를 한 수녀들이 마더 테레사에게 많은 지식을 주었다. 알고 보니 나병은 사람들이 생각하는 것처럼 무서운 전염병이 아니었다. 초기에 치료를 시작하면 전염성이 없어졌고, 면역성 있는 사람은 전염될 가능성이 적었다. 마더 테레사는 여러 시민단체에 호소했고, 단체들이 모금 활동에 나섰다.

문둥병자들은 몸에 종을 달고 다녀야 했다. 문둥병자들이 움직일 때마다 종소리가 났는데, 사람들은 그 소리를 듣고 멀찌감치 도망가곤 했다. 마더 테레사는 그 종소리를 사랑의 상징으로 사용했다. 종을 울리면 한 번씩 돌아보고 도움을 달라는 뜻으로 사용한 것이다. 이것은 좋은 반응을 얻었고, 모금 활동은 무리 없이 진행되었다. 먼저 이동 진료차를 마련해 진료를 시작할 수 있었다.

그러나 무엇보다 나병에 관해 제대로 알리는 일이 가장 시급했다.

"병을 숨겨서는 안 됩니다. 나병은 조기에 치료를 받으면 나을 수 있는 병입니다."

마더 테레사는 나병 환자들을 모아 놓고 나병에 대해 설명했다.

그들은 더 이상 움막에 숨지 않았고, 치료를 받기 시작했다.

마더 테레사는 티타가르에 문둥병 치료 센터를 열었다. 처음에는 근처 주민들의 극심한 반대에 부딪혀야 했다. 자기 이웃에 무서운 병에 걸린 사람들이나 정신질환자가 들어오는 것을 반대하는 경우는 흔한 일이었다. 특히 문둥병자들이 버젓이 나다니며 치료를 받는다는 것을 끔찍하게 여기는 사람들이 많았다.

"문둥병은 단지 질병일 따름입니다. 그들은 문둥이들이 아니라 치료를 받아야 하는 환자들입니다."

마더 테레사는 주변에 호소를 하고 다녔다. 수녀들과 수사들이 나서서 주민들을 설득했고, 나중에는 치료 센터를 짓는 일을 돕는 이들도 생겨났다.

이곳 치료 센터에는 안타까운 삶을 살아온 사람들이 너무나 많았다.

70대의 노인 칼은 오랜 세월 나병을 앓아 온 환자였다. 병은 손을 써 볼 수 없을 정도로 칼의 몸을 완전히 장악하고 있었다. 이제는 나병을 자기 신체의 일부로 받아들일 정도였다. 칼은 살점과 뼈가 녹아 나가는 일에 익숙해져 있었다. 몸은 몽당연필처럼 자꾸만 줄어들었다. 나중에는 팔과 다리가 다 잘려 나가고 몸통만 남아 있는 상태가 되었다.

유복한 농가에서 태어난 칼은 부족한 것 없는 젊은 시절을 보냈다. 그러던 어느 날 갑자기 피부에 염증이 생기기 시작했다. 처음에는 곧 괜찮아지겠지 하고 대수롭지 않게 생각했다.

"문둥병입니다."

의사의 진단에 칼은 하늘이 무너지는 것만 같았다. 믿을 수 없는 일이었다. 천벌을 받을 만큼 잘못한 일이 없었다고 생각하며 신을 원망하고 또 원망했다.

칼은 긴 옷을 입고 될 수 있으면 아무도 눈치채지 못하도록 행동했다. 가족에게도 형제에게도 말할 수 없는 비밀이었다. 그는 좋다는 약은 다 사다 먹고 점성술사가 지어 준 비약을 먹기도 했다. 그런데도 병은 좀처럼 호전될 기미가 보이지 않았다.

그렇게 2년을 버티다가 결국 문둥병에 걸렸다는 사실을 가족들에게 들키고 말았다. 그때부터 칼의 짐승 같은 생활은 시작되었다. 형제들은 집 안에 문둥이가 있다는 것이 알려질까 두려워 칼을 지하실에 가두었다. 칼의 목은 두꺼운 쇠사슬로 묶였다. 형제들은 개 밥 그릇에 밥을 담아 칼에게 던져 주었다. 칼은 개처럼 밥을 먹었고, 개처럼 울부짖었다.

칼은 그 이후로 수십 년을 거지처럼 떠돌며 생활해야 했다. 죄를 지은 사람도 아닌데, 문둥이라는 사실 하나로 교도소에 갇혀 험악한 일을 당하기도 했다. 교도소에서는 문드러지고 있던 손을 절단 당하는 일도 겪었다. 그의 몸이 점점 악화되면서 교도소에서도 추방당했다.

그는 얼굴을 가리고 여기저기 떠돌며 쓰레기 더미를 뒤지는 생활을 해 왔다. 그러다 마더 테레사에게로 온 것이었다.

칼의 이야기는 충격적이었다. 마더 테레사와 수녀들은 눈물을 흘릴 수밖에 없었다. 마더 테레사는 칼을 위해 축복의 기도를 해 주었다.

"병에 걸린 환자가 겪기에는 너무도 가혹한 일이었군요."

환자들은 치료를 받아야 할 대상이었다. 병에 걸린 것은 자신의 의지와는 상관없는 것이었고, 죗값을 치르는 일도 아니었다.

문둥병 치료 센터에서는 칼과 같이 슬픈 사연을 가진 사람들이 너무도 많았다. 그들은 문둥병에 걸렸다는 이유로 직장에서 쫓겨나고 가족에게 버림을 받았다.

마더 테레사는 세상을 향해 호소했다.

만약 여러분 가족 중에 누군가가 문둥병에 걸린다면 어떻게 하시겠습니까? 부디 병든 개처럼 격리시키거나, 집 밖으로 쫓아내시지는 마십시오. 그의 손을 꼭 잡고 병원에 데려가시길 바랍니다. 병원에 갈 형편이 아니라면 저에게 데려오십시오. 그들은 여러분이 사랑했던 바로 그 사람입니다.

소외된 사람들의 인권

문둥병자들의 처참한 삶을 보며 마더 테레사는 가난한 이들의 인권 문제에 주목하게 되었다.

가난의 이면에는 모순이 가득한 현실이 숨겨져 있었다. 배고픔의 고통, 질병의 고통, 집을 잃고 떠도는 고통. 그러나 육체의 고통보다 더 큰 것은 역시 정신적인 고통이었다. 버림받았다는 것, 사랑받지 못한다는 것의 서러움은 참아 내기 어려운 시련이었다. 그들은 멸시와 냉대 속에서 살아가고 있었다. 그들은 가난 때문에 충분히 고통받아 온 사람들이었다. 가난하다는 이유로 혹은 병들었다는 이유로 멸시받아야 한다는 것은 억울한 일이었다.

'누구도 그들에게 돌을 던져서는 안 된다.'

마더 테레사는 가난하거나 병든 사람들이 소외된 채로 살아가게 해서는 안 된다고 생각했다. 사회는 그들에게 너무도 많은 것을 빼앗았다. 그들에게도 삶의 터전이 필요했다.

문둥병자들은 가족을 잃고 직장을 잃고 막막한 생활을 하고 있었다. 그들 또한 노동할 능력이 있으므로 충분히 자기 몫의 일을 해낼 수 있는 사람들이었다. 문둥병자들은 두더지처럼 숨어 살면서 쓰레기를 뒤지며 살길 원하지 않았다. 사람답게 살 수 있는 공간, 그들의 인권을 지킬 수 있는 공간을 필요로 하고 있었다.

"문둥병 환자들만의 독립적인 마을을 세우고 싶습니다. 그들에게 일을 주고 생활을 꾸려 가게 할 수 있는 공간이 필요합니다."

마더 테레사는 벵골주의 주지사에게 편지를 썼다.

주지사는 '사랑의 선교회' 활동을 늘 긍정적으로 생각해 왔다. 그는 독실한 힌두교 신자였지만, 종교를 뛰어넘어 마더 테레사를 존경하고 있었다. '사랑의 선교회'가 캘커타의 빈민들을 위해 온 정성을 다해 일해 온 것을 누구보다 잘 알기 때문이었다. 주지사는 벵골 주정부의 이름으로 캘커타에서 320킬로미터 떨어진 곳의 14만 평방미터나 되는 땅을 선뜻 기증해 주었다. 외진 마을이었지만 넓은 터가 있어 많은 나병 환자들을 수용할 수 있을 것 같았다. 이제 다른 사람들을 피해 도망갈 필요가 없었다. 그들에게도 당당한 자기만의 마을이 생긴 것이다.

땅이 생겼다는 기쁨은 잠시였다. 널따란 황무지에 집을 짓고 병원을 세울 돈이 없었던 것이다. 그러나 뜻하지 않은 행운이 찾아왔다.

마침 교황 바오로 6세가 인도의 봄베이('뭄바이'의 전 이름)를 방문했다가 마더 테레사의 집들을 둘러보고 싶다고 했다. '사랑의 선교회'가 교황을 맞는 것은 처음 있는 일이었다. 교황은 '죽어 가는 사람들의 집'에 흰 리무진을 타고 왔다. 교황이 인도를 방문한다는 소식을 듣고, 미국의 한 대학이 리무진을 기증했던 것이다. 교황은 리무진 덕택에 인도에서 일을 수월하게 볼 수 있었다.

교황은 '죽어 가는 사람들의 집'의 구석구석을 돌아보았다. 낡고 허름한 건물의 시멘트 바닥에는 침상이 쭉 늘어서 있었고, 침대마다 번호가 붙여져 있었다. 훌륭한 시설이라고는 할 수 없었지만, 환자들의 모습은 한결같이 편안해 보였다. 그곳에는 병들어 앙상하게 마른 사람들이 누워 있었는데, 모두 깨끗한 모습으로 간호를 받고 있었다. 교황은 말로만 듣던 수녀들의 헌신에 놀라움을 금치 못했다.

"저기는 환자를 씻기는 곳입니까?"

교황은 목욕 시설이 있는 곳을 가리켰다.

"네, 저기는 그리스도의 몸을 씻기는 곳입니다."

목욕탕의 벽면에는 '그리스도의 몸'이라는 글귀가 쓰여 있었다.

교황은 집의 구석구석을 다니며 죽어 가는 사람들의 몸에 손을 없고 축복의 기도를 해 주었다.

"환자들을 돌보려면 항상 몸을 구부려야겠군요. 마더 테레사께서 왜 등이 굽어 가는지 알 것 같습니다. 저는 오늘 하루 이들과 함께했을 뿐인데, 벌써 허리가 아파 옵니다. 자매들의 수고는 실로 놀랍습니다."

50대 중반이 되어 가던 마더 테레사의 몸은 교황의 말 그대로 조금씩 굽어지고 있었다. 성스러운 일을 하고 있었지만, 그것은 분명 고단한 노동의 연속이었다. 마더 테레사는 주름이 깊어 가는 얼굴로 해사하게 웃었다.

"네, 이곳의 자매들은 놀라운 여성들입니다. 그들은 강인한 어머니들이니까요."

교황은 '죽어 가는 사람들의 집'에 깊은 인상을 받았다. 오래전 수도원을 박차고 나갔던 수녀가 맨손으로 해낸 일들에 감탄하지 않을 수 없었다.

"기증받은 물건입니다만, 저 또한 여러분께 이 차를 기증하고 싶습니다."

마더 테레사는 극구 사양했으나, 교황은 하얀 리무진을 남겨 두고 떠났다. 고급 승용차, 게다가 최고로 비싼 리무진은 마더 테레사에게 쓸모없는 물건이었다. 마더 테레사는 먼 곳으로 일을 하러 갈 때 수녀들과 함께 트럭 뒷좌석에 앉아서 이동하곤 했다. 리무진은 곧 경매에 붙여졌다. 그리고 거의 2억에 가까운 돈을 융통할 수 있게 되었다. 그 돈은 '평화의 마을'을 짓는 데 쓰였다. 교황으로부터 가장 필요하고 소중한 선물을 받은 셈이었다.

마더 테레사는 문둥병자들이 어느 누구의 멸시도 당하지 않고 평화롭게 살아가길 바라는 마음에서 이곳을 '평화의 마을'이라고 부르기로 했다. 평화의 마을은 힌디어로 '샨티 나가르'라고 말했다. 나환자들을 위한 마을이 세워진다는 소식을 듣고 전 세계에서 기부금이 도착했다. '마더 테레사 협력자회'의 회원들이 곳곳에서 모금 활동을 벌였고, 소중한 돈을 평화의 마을로 보내왔다.

황무지나 다를 것 없던 공간에 과일나무가 심어지고 아름다운 꽃을 피울 꽃씨들이 뿌려졌다. 수녀와 수사들이 팔을 걷어붙이고 일을 했고, 수많은 자원봉사자들이 나서서 도와주었다. 마을 가운데 이곳의 중심이 될 문둥병 치료 센터가 지어지고 길이 닦였다.

마을을 세우는 데 가장 큰 도움을 준 것은 놀랍게도 문둥병 환자들이었다. 그들은 벽돌을 한 장 한 장 날라 자기들이 살 집을 지었으며, 황무지에서 돌을 걸어 내고 자기들의 밭을 만들었다. 환자들은 그곳에서 삶의 희망을 찾아 가고 있었다.

모두의 노력으로 소박한 농가 같은 아름다운 마을이 만들어졌다. 이곳에는 없는 것이 없었다. 나환자들이 일하게 될 일터도 있었고, 병원과 기숙사, 학교와 보육원이 있었다. 문둥병자들도 가족을 이루며 살 수 있는 최고의 낙원이 완성된 것이었다.

환자들은 병원에서 치료를 받으면서 자기들만의 삶을 개척해 갔다. 그들은 청결을 위해 붕대를 자주 갈아야 했는데, 스스로 할 수 있도록 붕대 감는 법을 배웠다. 그리고 환자들끼리 서로의 붕대를 매어 주었고, 뭉툭한 손으로 농사를 짓거나 일터에서 일을 하며 생계를 꾸렸다. 이들은 농사를 짓고 닭을 치고 돼지를 길렀다. 과수원도 가꾸었으며, 갖가지 수공예품을 만들어 팔기도 했다. 각자의 기술을 살려서 직업을 가졌는데, 병이 나아서 사회에 나가게 될 때도 그 일을 계속할 수 있기를 희망하고 있었다.

아무도 나환자들이 이런 일들을 할 수 있을 거라고 생각지 못했다. 지금까지 그들은 무능력자에 경제적인 활동을 할 수 없는 금치산자로 취급받아 왔다. 보통 사람들의 사회에서 마땅히 추방당해야 할 존재였다. 문둥병자들은 천을 뒤집어쓰고 웅크린 채로 숨어 살아가는 게 당연하다고 여겼었다. 그러나 이제 '평화의 마을'에서는 짐승 같은 삶을 사는 나환자는 단 한 명도 없었다. 이들은 보통 사람들과 다를 바 없는 삶을 살았다. 그들은 평범한 사람들처럼 노동을 하고 가정을 꾸리며 살게 되었다.

나환자 부부에게 아기가 태어나는 기쁜 일도 많았다. 많은 사람들이 아기가 병에 걸려 태어날까 봐 우려했다. 나환자들이 가정을 꾸리는 것에 반대하는 이들도 많았다.

그러나 아기들은 다른 아기들과 다를 바 없이 건강하게 태어났다.

마더 테레사는 말했다.

"나환자라고 해서 결혼도 하지 못하고, 아기도 낳을 수 없다는 것은 사람들이 멋대로 갖는 편견일 뿐입니다. 이 아이를 보십시오. 얼마나 사랑스러운가를……."

부모들은 아기를 만질 수가 없었다. 그들은 아기가 사랑스러워 무의식적으로 손을 뻗었다가 멈칫 물러서곤 했다. 아기들은 면역성이 없어서 자칫하면 감염될 우려가 있었기 때문에 조심하지 않을 수 없었다. 그러나 사람들이 흔히 생각하는 것처럼 나환자와 같이 있다고 해서 공기를 타고 병균이 옮는 일은 없었다. 피부 접촉에 의한 직접적인 감염만 조심하면 되었다. 아기들은 보육원에서 수녀들이 길렀고, 부모들은 항상 아기를 볼 수 있었다. 가까이서 노는 것을 지켜볼 수는 있었지만 아기를 안아 줄 수는 없었다. 아기를 낳고도 안을 수 없는 부모의 심정은 말로 형언할 수 없을 정도로 안타까웠지만 그들은 사랑으로 아기를 키워 내는 엄연한 부모들이었다.

마을이 세워진 후 가장 놀라워한 사람들은 바로 환자들이었다.

"우리 같은 문둥이들이 남들처럼 살 수 있다고 한 번도 생각해 본 일이 없어요. 죽을 때까지 문드러진 몸을 가리고 토굴 속에 숨어 살아야만 하는 줄 알았어요."

환자들에게 평화의 마을은 주거지 이상의 의미를 가지게 되었다. 그곳은 그들을 사람답게 살 수 있도록 해 준 공간이었다. 가족들로부터 버림받고 사회에서 매장당해서 갈 곳이 없었던 이들에게 기꺼이 제2의 고향이 되었던 것이다. 그들은 돌을 맞지 않아도 되었다. 떳떳하게 살아갈 수 있는 그들만의 집이 생긴 것이다.

평화의 마을을 통해 마더 테레사는 문둥병자들의 인권을 지켜 냈고, 그들에게 빼앗긴 삶을 되찾아 주었다.

1969년 인도의 한 작은 마을에서 일어난 기적과도 같은 사건이었다.

아이들의 인권을 위한 노력도 계속되었다. 아이들은 하느님이 주신 최고의 선물이었다. 그런데 그 보물들은 쓰레기처럼 버려져서 뒹굴다가 '때 묻지 않은 아이들의 집'까지 오게 되었다. 지독한 가난은 삶의 아름다움을 발견하기도 전에 아이들을 불행으로 내몰고 있었다. 아이들은 절망이 무엇인지 알았고, 죽음과도 같은 슬픔이 무엇인지 잘 알고 있었다.

마더 테레사는 거리에서 수많은 아이들을 구했고, 그를 찾아오는 아이들이라면 어떤 아이라도 받아들였다. 부모들이 아기를 맡기기도 했다. 그들은 마더 테레사의 집 앞에 아기를 버리고 가는 방법을 택했다. 어떤 아기는 쓰레기 상자에 담겨 버려졌다.

버려지는 아이들 뒤에는 인도 여성들의 비극이 있었다. 아이의 인권은 그 어머니의 인권과 맞닿아 있었던 것이다. 마더 테레사는

수녀이기 전에 한 사람의 여성으로서 그 어머니들의 삶을 안타깝
게 생각했다.

　원치 않은 폭력으로 인해 미혼모가 되는 여성들이 수도 없이 많
았다. 남자들이 그들의 무지를 이용했다는 사실을 알게 되었을 때,
마더 테레사는 가슴이 찢어지는 것만 같았다. 딸들의 아픔은
곧 어머니의 아픔이었다. 힌두교 사회는 여성들에게
결코 호의적이지 않았다. 여성들은

결혼할 때 지참금을 마련해 가야 했고, 지참금이 충분하지 않을 때는 남편으로부터 평생 대접을 받지 못하고 폭행을 당하는 일도 많았다. 만약 미혼모가 된다면 도덕적인 비난과 멸시를 피할 수 없었다. 원치 않는 상황에서 폭력에 노출되었을 때, 그 책임을 피해자에게 묻는 것은 불공정한 일이었다. 억울한 일이었다. 결국 그들은 극단적인 방법을 택할 수밖에 없었다. 낙태를 하거나 아니면 아기를 낳아서 버리는 일이 그것이었다. 두 가지 모두 어머니로서는 감당하기 어려운 고통이 될 것이다. 사회의 모순이 여성들을 비참한 지경으로 몰고 가고 고귀한 생명을 죽이고 있었다.

"세상은 어머니를 비정하게 만들어서는 안 됩니다. 모성을 지키지 않으면 미래도 없습니다!"

마더 테레사는 기회가 있을 때마다 자기 생각을 사람들에게 이야기하곤 했다. 그것은 사상가나 정치가들의 선동과는 거리가 멀었다. 그것은 어머니가 자기 자식을 지키기 위해 내뱉는 안타까움의 언어였고, 온 마음을 던져 말하는 기원의 언어였다. 세상을 바꿀 만한 힘 있는 목소리가 아니더라도 좋았다. 단 한 사람이라도 변한다면 그것이 새로운 시작이라고 믿었다.

미혼모의 아이만 죽어 가고 있는 것이 아니었다. 가정에서도 낙태로 사라지거나 버려지는 아이들이 너무도 많았다. 모두 가난과 무지로 인해 벌어진 일이었다. 마더 테레사는 가난보다 더 무서운 것이 무지라고 생각했다.

"낙태는 절대로 안 됩니다. 낙태는 살인입니다."

낙태 반대 운동은 마더 테레사의 활동에서 가장 중요한 부분을 차지했다. 마더 테레사의 마음속에 가장 큰 부분을 차지하고 있는 문제였기 때문에 어디에 가나 낙태 문제를 이야기하곤 했다. 낙태 반대 운동은 아이들을 보호함과 동시에 산모를 보호하는 일이었다. 그것은 아이들을 죽이고 어머니들의 몸에 상처를 입히는 무서운 일이었다. 낙태는 아이와 어머니에게 동시에 위협을 가하는 행위였다.

낙태를 막기 위해 무지로부터 벗어나는 일이 중요했다. 마더 테레사는 가정을 돌아다니며 가족계획의 필요성과 자연피임법에 대해 알리기 시작했는데, 이것은 '사랑의 선교회'의 중요한 업무이기도 했다.

마더 테레사는 미혼모가 될 상황에 빠진 여성들을 위한 보호시설을 만들었다. 그러나 미혼모들의 부모를 설득하는 일은 무척 어려웠다. 그들은 낙태가 모든 것을 깨끗하게 해결해 줄 거라고 믿었기 때문이다.

"따님이 무사히 아기를 낳을 수 있도록 제가 돕겠습니다."

마더 테레사는 낙태만은 안 된다고 외쳤다.

"낙태는 살인입니다."

수백 번을 외쳐도 지치지 않을 만큼 중요한 일이었다. 평소에도 수없이 했던 말로 훗날 국제적인 무대에서 연설할 기회가 생겼을 때도 마더 테레사는 이 이야기를 잊지 않았다.

마더 테레사는 양육권을 포기한 미혼모의 아기를 좋은 가정에 입양시켰다. 아기를 원하는데도 낳을 수 없는 부부들이 세상에는 무척 많았다. 그들은 가정을 이루고 싶어 했지만, 아기가 생기지 않아 고통받고 있었다. 그런 가정에서 아기를 입양하는 일은 바람직한 선택일 터였다. 자녀가 있는 가정에서 입양을 원하는 사람들도 있었다.

"가정이란 꼭 혈연으로 이루어져야 하는 것이 아닙니다. 세상에는 버려진 아이들이 수도 없이 많은데, 직접 낳은 자녀만을 고집한다는 것은 가족 이기주의라고 생각합니다."

그들은 나름의 철학으로 입양을 원하고 있었다.

마더 테레사는 까다로운 기준으로 부모를 선택했다. 아기를 진정한 사랑으로 키워 낼 수 있어야 하고, 무엇보다 편견이 없어야 했다. 누구나 꿈꾸는 건강하고 어여쁜 아기가 아니더라도, 어딘가 잘못되어 남들과 다르더라도, 또는 못생긴 외모를 가지고 있더라도 편견 없이 아이를 바라볼 수 있는 부모여야 했다. 놀랍게도 장애아들을 기꺼이 입양하는 부모들은 얼마든지 있었다.

아이들은 주로 해외로 입양되었는데, 인도 내에서의 입양도 늘

어나는 추세였다. 이전까지만 해도 힌두교 사회에서는 입양하는
것을 부끄럽게 생각하는 일이 많았다. 입양했다는 사실을 비밀로
하기 위해 어머니가 일부러 임신한 척한 후에 자기가 낳은 것처럼
입양아를 데리고 가기도 했다. 주로 건강한 남자 아기만을 입양해
가던 관습도 조금씩 줄어들고 있었다. 인도 내에서도 여자아이를
입양해 가는 사람들이 늘었고, 입양 사실을 떳떳하게 밝히는 사람
들도 생겨났다.

그러나 순수한 의도와는 달리 반대와 비판도 만만치 않았다. 언
론이 입양을 '어린이 매매'라고 비판했을 때, 마더 테레사는 큰 시
련을 겪어야 했다. 마더 테레사는 일기에 다음과 같이 썼다.

아이들은 그 누구라도 굶주려서는 안 되며, 폭력을 당해서도 안 되
며, 외로움에 홀로 버려져서도 안 됩니다. 아이들에게 필요한 것은 오
직 하나, 사랑뿐입니다. 아이들은 아무런 죄가 없기 때문입니다.

어떤 이들은 가정보다는 거창한 무엇인가가 세상을 움직인다고
생각했다. 가정은 아주 작은 단위에 불과하지만, 가정이 붕괴하면
세상도 따라서 흔들릴 수밖에 없었다. 마더 테레사는 가정이 세상
의 중심이라고 생각했다.

아이들에게도 세상의 중심에 설 권리가 있었다. 고아로 자라게

될 아이들에게 부모가 있는 따뜻한 가정을 만들어 준다는 것은 의미 있는 일이었다. 적어도 아이들이 쓰레기통이나 시궁창에 버려지거나 홀로 죽어 가는 일은 없어야 했다.

마더 테레사는 아이들에 관한 일이라면 물불을 가리지 않았다. 그는 아이에 관한 일이라면 어디라도 달려갈 준비가 되어 있었다.

그는 아이들을 거절한 일이 없었다. 단 한 번도.

마더, 세상에 나가다

세계는 마더 테레사라는 자그마한 수녀에게 많은 관심을 갖기 시작했다. 수녀가 되어 집을 떠난 후, 20년 만에 수도원을 나와 거리의 수녀가 되었다. 그로부터 또 20년의 세월이 지나갔다. 참으로 긴 시간이었다.

세월의 흐름을 전혀 느끼지 못한 사람은 마더 테레사 혼자뿐이었다. 너무도 숨 가쁘게 매 순간을 달려왔던 것이다. 여전히 쉬어야겠다는 생각은 하지 않았다. 하고 싶은 일이 너무나 많았고, 해야 할 일들이 너무나 많았던 것이다. 마더 테레사는 어느덧 노년으로 접어들고 있었다. 그러나 이제부터가 시작이었다.

1965년에 로마 교황청은 '사랑의 선교회'를 교황청에서 관할하는 수도회로 삼았는데, 이것이 '사랑의 선교회'가 해외로 진출하는 계기가 되었다. 1964년에 마더 테레사의 집을 방문했던 교황 바오로 6세가 '사랑의 선교회'에 큰 감명을 받았고, 이들이 보다 활발하게 활동할 수 있도록 적극적으로 도우려 했던 것이다. '사랑의 선교회'가 만들어진 지 15년 만의 일이었다.

1965년 7월, 남미 베네수엘라의 가난한 지역에 '사랑의 선교회' 수도회가 세워졌다. 마더 테레사는 몇 명의 수녀를 데리고 베네수엘라까지 직접 가서 가난한 사람들을 만났다. 마더 테레사에게는 인도가 세상의 전부였다. 마더 테레사는 18세 이전에 분명 인도가 아닌 다른 곳에서 살고 있었다. 그는 분명 외국인이었다. 그런데 18세 이전에 대한 기억은 이미 희미해진 지 오래였다. 마더 테레사는 인도인으로서 인도에서 살면서 인도 생각만을 했었던 것이다. 베네수엘라로 여행을 떠났을 때에야 세상이 무척 넓다는 사실을 새삼 깨닫게 되었다.

18세의 소녀가 60대의 노인이 되는 동안에 세상에는 많은 변화가 있었다. 마더 테레사는 기차를 타고 37일 동안 배를 타고 인도로 들어왔다. 참으로 까마득한 여행이었다. 인도를 벗어나 어디론가 간다는 생각은 한 번도 해 본 일이 없었다. 그런데 비행기를 타고 손쉽게 바다와 대륙을 건너게 될 날이 올 줄이야!

"도움이 필요한 곳이면 세상 끝까지라도 가겠습니다."

언제나 그랬듯이 마더 테레사는 하느님께 기도를 드렸다. 드디어 가난한 이들의 집을 짓기 위해 세상으로 나가게 된 것이다.

이때부터 세계 곳곳에 '사랑의 선교회' 지부가 세워졌고, 수많은 집들이 지어졌다. 인도에서만 활동을 하던 수녀들과 수사들은 각국으로 파견되어 활동을 하게 되었고, 현지에서도 수도자들을 받아들였다. 마더 테레사는 세상에서 가장 집을 많이 가진 사람이었고, 동시에 아무것도 가진 것이 없는 사람이었다.

마더 테레사는 이전보다 더한 격무에 시달리게 되었다. 눈코 뜰 새 없이 바쁘게 다니느라 끼니를 제때 챙겨 먹지 못할 때가 많았다. 어딜 가나 귀한 대접을 받았지만, 마더 테레사는 물 한 모금 얻어 마시는 것에도 신중했다.

"우리는 귀한 식사를 대접받으러 온 것이 아니라, 가난한 사람들을 돌보기 위해 온 사람들입니다."

마더 테레사는 늘 정중하게 호의를 거절했다.

해외에까지 파견되어 일한다고 해서 달라진 것은 아무것도 없었다. 마더 테레사는 여전히 가난한 수도자이며 봉사자일 뿐이었다.

각국에서 대주교들이 그곳의 어려운 이들을 도와달라며 초청할 때마다 마더 테레사는 거절하는 법이 없었다. 자연히 일이 몇 배로 늘어났다. 일정을 소화해 낼 수 있을 만큼 젊고 건강한 몸도 아니었다.

그러나 마더 테레사는 멈추지 않고 일했고, 가난한 사람들을 한 명이라도 더 만나려고 애썼다. 1970년부터 시작된 집짓기는 훗날 95개 나라의 200개가 넘는 도시로 확대되었다. 마더 테레사의 발길이 닿지 않는 곳이 없었다.

그중에서 로마와 런던, 뉴욕에 갔던 일은 잊을 수 없었다. 1960년 대 말부터 1970년대까지 수차례 방문을 했지만, 마더 테레사는 이 세계적인 대도시들에 매번 큰 충격을 받곤 했다.

특히 뉴욕은 너무도 아름다운 도시였다. 하늘을 찌를 듯한 화려한 고층 빌딩들이 늘어서 있고, 거리 곳곳마다 멋진 상점들이 빽빽하게 들어서 있었다. 자동차들도 많았지만, 사람들도 많았다. 사람들은 모두 예술가처럼 세련된 모습으로 거리를 거닐고 있었다. 뉴욕은 그야말로 풍요와 예술의 도시 그 자체였다. 마더 테레사는 모든 것이 어리둥절했다. 그러나 찬란한 도시의 뒷면에는 어두운 그림자가 드리워져 있었다. 마더 테레사는 슬럼가에서 가난에 찌든 사람들이 힘겹게 살아가는 모습을 보았다. 잠잘 곳을 찾지 못해 배회하는 노숙자들도 수없이 눈에 띄었다. 풍요 속의 빈곤은 상대적으로 더 심각해 보였다.

마더 테레사는 훗날 뉴욕과 런던 등지에 마약과 에이즈로 고통받는 환자들을 위한 집을 지었다.

에이즈는 현대의 문둥병과도 같은 것이었다. 고치기 힘든 병이

고 죽음에 이르게 하는 병이라는 것 외에도 많은 것이 닮아 있었다. 과거에 문둥병자들이 겪었던 고통을 에이즈 환자들이 똑같이 겪고 있었다. 에이즈 환자들은 병에 걸렸다는 이유로 도덕적으로 매장 당했고, 가족과 사회로부터 버림받았다. 어떤 사람들은 에이즈 환자가 천벌을 받은 것이라 여겼고, 다른 사람에게 전염되지 못하도록 강제로 격리 수용해야 한다고 주장하기도 했다. 환자들은 멸시를 견디다가 숨어 사는 길을 택하기도 했다. 모든 것이 문둥병자들이 당한 일과 똑같았다.

"그들은 죄인이 아니라, 치료받아야 할 환자들입니다. 그들이 치료를 받게 해야지 죗값을 물으며 지탄하는 것은 옳지 않은 일입니다."

마더 테레사는 인도에서 문둥병자들을 위해 했던 말을 대도시에서도 똑같이 해야 했다. 이상한 일이었다. 사람들은 환자의 병과 고통에 대해 염려하지 않고, 그들에 대한 도덕적인 평가를 먼저 했다. 육체적 고통으로 괴로워하는 사람들의 정신까지 피폐하게 하는 일이었다.

"병자를 심판하려 하지 마십시오. 그들이 병을 이겨 낼 수 있도록 돕는 일 외에는 아무것도 하지 마십시오."

마더 테레사는 뉴욕에 머물던 날 밤 일기에 그렇게 썼다. 이것은 침묵의 기도 속에서 홀로 묵상한 것이기도 했고, 세상을 향해 안타깝게 외치는 소리이기도 했다.

에이즈 환자를 위한 집에는 젊은이들도 많았다. 병보다는 마음의 상처가 더 깊었다. 풍요로운 환경에서 다양한 경험을 하고 자라난 이들이었기 때문에 사회로부터 소외당하고 홀로 외롭게 죽어 갈 처지에 놓이게 된 것에 더 큰 충격을 받은 것 같았다. 한 번도 죽을 만큼의 배고픔을 겪어 본 일이 없었고, 행복한 미래만 있을 거라고 믿었던 젊은이들이었다. 그러나 한순간에 모든 것이 물거품이 되어 버렸다. 에이즈에 걸렸다는 이유 하나로 어떤 젊은이들은 가족과 친구들을 잃고 완전히 혼자가 되었다. 임종을 지켜 주는 것은 그들에게 크나큰 위안이 되었다.

어느 날 죽음에 임박한 한 청년이 애써 죽음의 순간을 늦추려고 견디고 있었다.

"아버지를 만나기 전에는 죽을 수 없습니다."

놀라운 일이었다. 숨이 넘어가려고 했지만, 그 청년은 악을 쓰며 버티고 있었다.

수녀들은 수소문 끝에 청년의 아버지를 데려올 수 있었다. 아버지는 청년을 보자마자 무너지듯 주저앉고 말았다. 에이즈에 걸린 사실을 알고 매몰차게 쫓아냈지만, 죽어 가는 아들을 보는 일을 아버지는 감당할 수가 없었던 것이다.

"아들아, 사랑한다. 이 아버지를 용서해 다오."

아버지가 울부짖었다.

"아닙니다, 아버지. 제가 다 잘못한 일입니다. 저를 용서해 주세요."

아들이 숨을 헐떡거렸다.

모두가 지켜보는 가운데, 부자는 서로를 어루만지며 용서를 구했고 사랑을 확인했다. 그리고 얼마 후 아들은 평화로운 미소를 머금고 세상을 떠났다.

이 청년의 죽음은 안타깝고도 아름다운 죽음으로 마더 테레사의 가슴속에 깊이 남았다.

마더 테레사는 인도와 해외 활동의 비율을 잘 조율했다. 많은 시간을 주로 인도에서 보냈고, 1년에 여러 차례 해외에 '사랑의 선교회' 분원을 세우거나 가난하고 병든 자들의 집을 짓기 위해 출국했다. 모든 것이 그간 노력해 온 덕분에 수월하게 이루어졌다. '마더 테레사 협력자회'에서 마더 테레사가 외국에 집을 세울 수 있도록 많은 도움을 주었다.

모든 업무는 캘커타의 마더 하우스 본원의 작은 사무실에서 수녀 몇 명의 힘으로 진행되었다. 이들이 마더 테레사가 전 세계로 나가서 활동하고 돌아오는 일에 차질이 없도록 일을 처리했다. 체계적으로 모든 일이 진행되었다.

인도에서의 집짓기는 어떤 일보다 중요했다. 마더 테레사는

1975년에 영국의 제약회사로부터 기증받은 건물에 '프렘 단'이라는 노인들을 위한 집을 지었다. 프렘 단은 '사랑의 선물'이란 뜻이었다. 소외된 노인을 돌보는 일종의 양로원이었다. 그리고 더 많은 곳에 무료 진료소와 무료 급식소가 세워졌다. 무료 진료소에서 매일 수천 명의 환자들이 약을 타 갔다. 그리고 무료 급식소에서는 매일 수천 명의 가난한 이들이 밥을 먹었다. 곳곳에 아이들을 위한 학교를 짓는 것도 계속되었다.

진료소에는 항상 약이 부족했고, 급식소에는 항상 음식이 부족했다. 슬럼가의 학교는 시설이 무척 열악했다. 아이들은 책상도 없이 낡은 의자에 앉거나 땅바닥에 앉아 공부를 해야 하는 곳도 있었다. 그러나 아이들은 모두 각자의 석판을 가질 수 있었다.

집이 많아지면서 사람들은 이제 어떤 집에 마더가 있는지 쉽게 알 수가 없었다. 하지만 '마더 테레사, 안에 있음'이란 표지판이 걸린 곳이라면 누구든 문을 두드리기만 하면 되었다. 마더는 손님을 거절하는 법이 없었다.

마더 테레사는 가방을 꾸려 어디론가 여행을 자주 떠났다. 여행 가방은 늘 가벼웠다. 수도원을 나올 때와 똑같은 차림새로 세계 어디든 갔다.

마더 테레사는 걷고 또 걸었다. 샌들 밑창은 더 빠르게 닳아 갔고, 그 속도에 발맞추듯 마더 테레사의 어깨도 빠른 속도로 굽어 갔다.

노벨 평화상을 받다

"마더! 마더!"

인도에서는 마더 테레사를 모르는 사람이 없었다. 마더 테레사가 지나가면 모든 사람이 그를 알아보고 공손하게 인사를 했다. 가난한 이들 또한 마더 테레사와 함께하는 생활에 익숙해져 있었다. 이제 마더 테레사는 인도의 가난한 이들에게는 어머니와도 같은 존재였다.

어머니란 무조건적으로 믿을 수 있는 존재였다. 어떤 어려운 일이 닥치더라도 나를 외면하지 않을 단 한 사람, 모두가 나를 형편없다 손가락질할 때도 등을 두드려 주며 격려해 주고 나를 믿어 줄 단한 사람, 내가 아무리 큰 죄를 지어도 따뜻한 가슴으로 안아 주며 사랑한다고 말해 줄 단 한 사람. 사람들은 마더 테레사에게서 그런 어머니를 느끼고 있었다.

열이 펄펄 끓으며 죽음 속을 헤매던 환자도 마더 테레사가 옷깃을 스치며 다가오는 소리를 들으면 마음의 평안을 얻었다. 뜨거운 이마에 얹혀진 마더의 서느런 손을 느끼는 것만으로도 위안이 되었다. 힘들고 외로워서 위로를 구할 때면 세상 사람들은 늘 질책했다.

"그렇게 나약해서 험한 세상을 어떻게 살아갈 거야? 누가 너만 위로해 주고 있을 것 같아? 어차피 인생은 혼자 사는 거야. 이기적이고 못된 사람이 승리하는 세상이야. 좀 더 독해져 봐."

그러나 마더 테레사는 한 번도 그런 말을 하지 않았다. 아무리 약하고 못난 모습을 보여도 훈계하려 들지 않았다. 항상 손을 잡아 주었고, 모든 것이 잘될 거라고 말해 주었다.

마더 테레사는 인도의 가난한 이들에게 정신적 등불이 되었다. 믿을 수 있는 단 한 사람의 어머니, 세상에서 가장 자상한 어머니, 가난한 사람들보다 더 가난하게 살면서도 자기의 모든 것을 내준 어머니. 마더 테레사는 인도인들에게 그런 존재였다. 마더 테레사는 어머니의 사랑이 절실하게 필요한 그곳에서 변함없는 모습으로 서 있었다.

세상 역시 그런 마더 테레사를 어머니로서 인정하기 시작했다. 1962년에 처음으로 인도 대통령으로부터 상을 받고, 필리핀에서 막사이사이상*을 받으면서 세계 각국으로부터 갖가지 상을 받게 되었다. 국제적인 상을 수도 없이 받았음은 물론이고, 미국 워싱턴 가톨릭 대학에서는 문학박사 학위까지 받았다.

1973년에는 영국에서 템플턴상**을 받았으며, 1975년에는 미국의 한 대학에서 '알버트 슈바이처상'***을 수상했다. 마더 테레사는 1년에도 여러 개의 상을 받았고, 그때마다 국제 무대에 설 기회를 얻게 되었다. 상을 받는 것은 그리 달가운 일이 아니었지만, 상을 받고 많은 사람들에게 이야기할 수 있는 기회가 생기는 것은 고무적인 일이었다.

마더 테레사는 가난한 사람들, 소외받은 사람들, 병들어 죽어 가는 사람들, 아이들과 여성들의 인권에 대해서 이야기하고 또 이야기했다.

1979년 12월 10일, 69세가 되던 그해 마더 테레사는 세계에서 가장 권위 있는 상인 노벨 평화상†을 수상하기에 이르렀다.

---

* 필리핀의 전 대통령 막사이사이를 기리기 위해 만든 상으로 국제사회와 문화 전반에서 공헌한 사람에게 주어지는 상이다. 한국인 수상자로는 김활란, 이태영, 법륜 스님 등이 있다.
** 미국의 사업가 템플턴이 1972년 제정한 상으로 종교 활동에서 공헌한 사람에게 주어지는 상이다.
*** 알베르트 슈바이처를 기리기 위한 상. 알베르트 슈바이처(1875~1965)는 독일의 의사로 아프리카에서 죽을 때까지 환자들을 위해 봉사했던 사람으로, 1952년 노벨 평화상을 받았다. 인류애와 평화의 상징으로 존경받는 인물이다.
† 스웨덴의 과학자 노벨이 제정한 상으로 인류 복지에 공헌한 사람에게 주어지는 상이다. 물리학, 화학, 생리·의학, 문학, 경제학, 평화의 6개 분야에서 상이 주어진다. 노벨의 사망일인 매년 12월 10일에 시상을 한다.

판 엑셈 신부와 동료 수녀들이 수상 소식을 듣고 기뻐 달려갔을 때, 마더 테레사는 조금의 흐트러짐도 없는 모습으로 병자들을 돌보고 있었다.

"마더 테레사, 당신이 드디어 해낸 거예요. 해냈다고요!"

판 엑셈 신부도 어느덧 얼굴에 검버섯이 피어날 정도로 늙어 있었다. 그는 언제나 그랬듯이 마더 테레사의 일을 자기 일처럼 생각하며 기뻐했다. 인도 국민들도 거의 축제 분위기로 들떠 있었다.

"마더 테레사는 위대한 인도인이다."

언론에서도 흥분해 있었다. 시인 타고르와 마하트마 간디에 이어 세 번째로 노벨상을 받는 인도인이 탄생한 것이었다. 모두가 마더 테레사를 자랑스러워했다.

이런 축하 속에서도 주인공인 마더 테레사는 별다른 동요를 하지 않았다. 마음속은 이루 말할 수 없이 착잡하기만 했다. 그간 수많은 상을 받아 왔지만, 이번처럼 떠들썩하기는 처음이었다. 마더 테레사는 어리둥절하기만 했다.

시상식 날에 맞춰 노르웨이의 오슬로*로 떠나는 비행기 안에서 마더 테레사는 죽을 것만 같은 피로를 느꼈다. 돌이켜 보니 50년의 세월이 지나가 버렸다. 가방 하나 싸 들고 18세에 집을 나와 기차

---

* 노벨상은 대부분 스웨덴의 스톡홀름에서 시상식이 열린다. 그러나 예외적으로 노벨 평화상만은 같은 날 노르웨이의 오슬로에서 열린다.

를 탄 것이 마지막이었다. 마더 테레사는 꿈속에서 자그레브역에서 손을 흔들던 어머니와 언니의 마지막 모습을 또렷하게 볼 수 있었다.

어린 아그네스의 모습은 어디에도 남아 있지 않았다. 어린 아그네스는 그 이름을 버리고 마더 테레사인 채로 살아왔고, 자기 개인에 관한 생각은 아무것도 하지 않았다. 그렇게 살아온 인생이 아쉬웠던 것은 아니었다. 단 한순간도 수녀가 된 것을 후회한 적이 없었다. 소명을 다 바쳐서 살아온 삶이었다. 마더 테레사의 마음을 아프게 한 것은 어머니가 고향에서 홀로 쓸쓸하게 죽어 갔다는 사실이었다. 수많은 사람의 임종을 지켰으면서 고향의 어머니를 홀로 떠나보냈다. 그것이 못내 안타까워 마더 테레사는 가슴이 미어질 것만 같았다. 눈물이 흘러내렸다.

드디어 오슬로에 도착했다. 외롭게 거리를 헤매고 있을 때, 마더 테레사를 찾아와 힘이 되어 주었던 스바니시와 막달레나가 곁에 있었다. 그들은 이제 아그네스 수녀와 거트루드 수녀였다. 오슬로에서의 며칠 동안 마더 테레사는 현기증 나는 하루하루를 보냈다. 취재 열기가 엄청났던 것이다. 전 세계의 언론이 마더 테레사의 삶을 조명하고 있었고, 그의 모습을 찍어 가기 위해 애를 쓰고 있었다. 어디 가나 카메라 플래시가 터지는 바람에 마더 테레사는 눈이 몹시 피곤했다. 몸은 말할 것도 없이 지쳐 있었다.

"죽어 가는 사람을 등에 업고 뛸 때도 이만큼 힘들지는 않았어."

마더 테레사가 두 자매에게 말했다.

시상식 전에 가장 기대가 되는 것은 라자르 오빠를 만나는 일이

었다. 언론은 이 이산 가족의 상봉을 역사적인 사건으로 보도하고

있었다. 마더 테레사와 라자르에게도 여간 설레는 일이 아닐 수 없었다.

50년 만의 만남이었다. 마더 테레사는 69세였고, 라자르는 72세였다. 두 사람은 세 살 터울로 그렇게 50년을 늘어 왔다. 그러나 시간은 혈육의 정을 끊어 놓을 수 없었다. 세상 사람들은 마더 테레사를 깊은 주름을 가지고 등이 굽은 할머니의 모습으로 기억할 테지만, 라자르의 경우는 달랐다. 라자르는 마더 테레사에게서 여전히 볼이 꽃봉오리같이 빨간 어린 소녀의 모습을 발견할 수 있었다.

"내 사랑스런 동생, 아그네스 곤자!"

남매는 서로를 부둥켜안았다.

드디어 12월 10일 시상식 날이 되었다.

노르웨이의 국왕을 위시하여 수많은 국빈들이 자리를 꽉 메우고 있었다. 거리에는 축하객들이 가득 메웠다. 이날의 주인공이 사람들의 호위를 받으며 시상식장으로 가는 계단 앞에 섰다. 붉은 카펫이 깔려 있는 계단을 오르는 사람은 낡은 사리 차림에 허리가 몹시 굽은 자그마한 할머니, 마더 테레사였다. 그의 깊은 바다와 같은 눈에는 사랑이 넘쳐나고 있었고, 입가에는 잔잔한 미소가 번져 있었다. 수십 년을 한결같이 순수한 정신으로 살아온 사람만이 가질 수 있는 여유로운 미소였다. 마더 테레사는 두 손을 꼭 쥐고 겸손하게 기도하는 자세로 계단을 올랐다. 화려한 시상식장 안으로 마더 테레사가 걸어 들어오자 모든 사람들이 자리에서 일어나 경의를 표했다.

마더 테레사는 노벨상을 수락하는 연설을 했다. 그것은 50년 동안 수녀 생활을 하면서 생각했던 모든 일들이 담겨 있는 이야기였고, 마더 테레사의 인생을 한마디로 보여 줄 수 있는 이야기였다. 마더 테레사는 이날의 연설을 위해 따로 시간을 내어 준비하지 않았다. 보좌하는 사람에게 연설 원고를 쓰게 하지도 않았고, 멋진 연설을 하려고 연습을 하지도 않았다. 그것은 전문적인 연설가들의 일이었다. 마더 테레사는 오슬로로 떠나기 바로 전까지 집 어딘가에서 가난한 이들을 돌보고 있었다.

마더 테레사의 말은 두서없이 진행되었지만, 전 세계인들은 그의 연설에 깊은 감동을 받았다. 마더 테레사는 영혼을 담아 이야기하고 있었던 것이다.

……저는 제가 대단한 일을 하고 있다고 생각해 본 일이 없습니다. 거리를 돌아다니며 가난한 이들이 쓰러져 있는 것을 보면 그들을 들여다보고 집으로 데리고 오는 일을 했을 뿐입니다. 그곳에 쓰러져 있는 단 한 명을 바라보며 일을 해 왔습니다. 제가 하는 일이 세상을 바꿀 수 있는 일이 아니라는 것도 알고 있습니다.

그러나 여러분과 함께라면 가능한 일이 될 것입니다. 가난한 사람들은 우리 이웃에 얼마든지 있습니다. 그들은 빵에 굶주려 있고, 우정에 굶주려 있을 겁니다. 여러분 모두가 문을 열고 자기 빵을 그들에게 준다면 수많은 사람들이 굶어 죽지 않게 될 것이고, 외로움에서 벗어나게 될 것입니다.

그렇습니다. 사람을 고통받게 하고 축내는 것은 외로움입니다. 가난한 사람들, 병든 사람들, 소외당한 사람들은 모두 사랑에 목말라 있습니다. 사랑하는 일은 어려운 것이 아닙니다. 거창한 희생정신이 있어야 하거나, 모든 인생을 걸어야만 하는 것이 아닙니다. 사랑은 언제나 우리 마음속에 있고 그것을 꺼내기만 하면 됩니다. 사랑은 꺼낸다고 해서 없어지는 것이 아닙니다. 퍼내면 퍼낼수록 더욱 샘솟는 것이 사랑입니다.

멀리 있는 사람을 사랑하기는 쉽습니다. 그러나 진짜로 소중한 것은 우리 가까이에 있습니다. 기아로 죽어 가는 아프리카나 인도의 아이들을 걱정하기 전에 여러분 곁의 아이들을 생각해야 합니다. 아이들이 낙태로 살해당하거나 굶주림과 폭력에 노출되는 것을 막아야 합니다. 모성을 보호하고 가정을 지켜야 합니다. 사랑은 바로 가정에서부터 시작되기 때문입니다.

우리가 한 가족으로 있는 한 평화를 파괴하거나 평화를 지키기 위해 총과 대포를 사용할 필요가 없습니다. 세상은 사랑을 원하고 있고, 사랑만이 모든 것을 치유할 수 있습니다.

서로를 보며 웃으세요. 가족과 이웃에게 시간을 내주세요…….

……저는 이 상을 받을 자격이 없는 사람입니다. 그러나 고통받고 있는 모든 가난한 사람들을 대신하여 이 상을 받겠습니다. 이 상은 세상이 가난한 이들에게 보여 주는 관심이며 사랑입니다. 여러분 모두에게 하느님의 은총이 있기를 기원합니다.

마더 테레사의 차분하고 강단 있는 목소리는 텔레비전을 통해 전 세계로 울려 퍼졌다. 연설이 끝났을 때 우레와 같은 함성이 터졌다. 모든 사람들이 마더 테레사의 숭고한 삶에 존경을 보냈다.

그 순간에도 지구의 곳곳에서는 논쟁과 충돌이 계속되고 있었다. 이데올로기가 다르다는 이유로, 혹은 종교와 민족이 다르다는 이유로 잔인한 전쟁이 계속되었다. 20세기의 엄청난 문명의 발전 속에서도 야만적으로 죽어 가는 사람들이 너무나 많았다. 오히려 발전된 문명이 갖가지 첨단 무기를 내세워 죄 없는 사람들을 대량 학살하고 있었다. 가난과 굶주림과 병 때문에 죽는 이들보다 정치적인 전쟁으로 인해 죽어 가는 사람들이 훨씬 많았다. 비인간적인 죽음이었다.

마더 테레사는 그들을 향해 서로 사랑하라고 외치고 있었다. 자기 삶을 모두 사랑하는 일을 위해 바친 사람의 이야기였으므로 사람들은 깊은 감동을 받지 않을 수 없었다.

그날 노벨상 수상 축하 만찬회는 열리지 않았다. 마더 테레사는 화려한 연회가 열리는 것을 원치 않았다.

"만찬회를 여는 비용으로 굶주린 사람들에게 식사를 제공하고 싶습니다."

마더 테레사의 뜻에 따라 이날 1만 5천여 명의 굶주린 사람들이 배불리 먹을 수 있었다. 노벨 시상식 역사상 최고로 값진 만찬회로 기억될 사건이었다. 그리고 노벨 평화상의 상금으로 받은 2억 2천만 원 또한 가난한 사람들의 집을 짓고 굶주린 아이들을 먹이는 데 쓰였다.

자기의 모든 것을 내주는 사랑, 그것이 바로 어머니의 사랑이었다.

하느님의 품으로

노벨 평화상을 받은 후 마더 테레사는 국제적인 유명 인사가 되었다. 마더 테레사를 모르는 사람은 드물었다. 그는 동시대를 살아가는 사람들 사이에서 가장 존경할 만한 인물로 꼽혔다. 마더 테레사는 위인전 속에서 볼 수 있는 사람이 아니었다. 그는 우리 주변에서 활동적으로 일하고 있는 살아 숨 쉬는 성인이었다.

마더 테레사는 주요한 국제회의에 나가 가난한 이들의 인권을 보호하기 위해 노력했고, 각국의 정상들과 만나 가난하고 소외받은 이들을 위한 도움을 구하기도 했다. 사람들은 흰 사리를 입은 수녀를 언론을 통해 언제든지 만나 볼 수 있었다. 그리고 가난한 이들에게 관심을 갖기 시작했다.

수많은 정치인들이 마더 테레사를 존경했다. 아무런 톡직 없이 오로지 가난한 이들만을 섬기는 마더 테레사와 만나 이야기하는 것을 대단한 영광이라고 생각했다. 마더 테레사는 영국의 엘리자베스 여왕으로부터 메리트 훈장을 받았다. 미국의 대통령 케네디와 레이건도 만났다. 마더 테레사와 자주 만나며 그의 활동을 도왔던 사람으로는 영국의 다이애나 왕세자비도 있었다. 왕세자비 역시 소외된 사람들과 불우한 아이들을 위한 활동에 적극적으로 나서고 있었다. 마더 테레사는 수녀로서 가난하게 살며 봉사를 하는 사람이었고, 다이애나 비는 영국의 왕세자비로 대단한 부와 명예를 가진 사람이었다. 둘은 모든 것이 달랐지만, 정신적인 교감을 느낄 수 있었고 깊은 우정을 나눌 수 있었다. 다이애나 비는 가장 존경하는 인물로 주저 없이 마더 테레사를 꼽았다.

마더 테레사는 한국에도 세 차례 방문했다. 1981년, 1982년, 1985년의 일이었다. 김수환 추기경과 면담을 했으며, 어려움을 겪고 있는 한국의 빈민들과 고아들을 직접 만났다. 그 결과 한국에 '사랑의 선교회'가 세워졌다. 한국에서도 마더 테레사의 사리를 입은 수녀들을 만날 수 있게 된 것이다.

국제 무대에 자주 등장하게 되었지만, 달라진 것은 아무것도 없었다. 마더 테레사는 여전히 청빈했고 가난한 사람들을 위해 발이 부르트도록 뛰어다니고 있었다. 그는 정치가가 아니면서도 정치인들을 만나고, 왕족이 아니면서도 왕족을 만날 수 있는 유일한 사람이었다. 그러나 마더 테레사는 명예욕에 사로잡히지 않았다. 언제나 그랬듯이 의연한 어머니의 모습 그대로였다.

변한 것이 있다면 나날이 몸이 쇠약해지고 있다는 것뿐이었다. 마더 테레사는 70대의 노인이 되어 있었다. 매일 지치도록 노동을 했고, 밤늦도록 잠 못 들고 일을 했던 탓에 마더 테레사는 실제 나이보다 훨씬 늙어 버렸다.

허약하고 왜소한 몸을 가지고 있었지만, 인도에서 일하면서 끊임없이 몸을 갈고 닦아 강인한 체력을 갖게 된 마더 테레사였다. 아픈 사람들을 돌보기 위해 아프지 말아야 한다고 정신력으로 버티기도 했다. 그러나 이제는 정신력도 소용이 없을 정도로 늙어 가고 있었다. 그럼에도 불구하고 노년의 테레사는 어느 때보다 많은 일을 했다. 고통 속에 빠져 있는 사람들이 있다면 지구 끝까지라도 갈 용기가 있었다. 패기는 젊은이 못지않았다. 72세 때는 팔레스타인 해방 기구(PLO)*와 이스라엘의 전쟁으로 아수라장이 된 서베이루트로 가서 '어린이의 집'에 있던 장애아들을 안전한 곳으로 피신시키기도 했다.

---

* 1948년 이스라엘이 수립되기 이전에 팔레스타인 지역에 살고 있던 아랍인들이 이스라엘에 대항하기 위해 1964년에 만든 정치조직을 말한다. 이스라엘을 몰아내고 그곳에 팔레스타인 국가를 세우는 것을 목적으로 하고 있다.

그러나 1983년 73세가 되던 해, 마더 테레사는 침대에서 일어나다가 가슴에 심한 통증을 느끼고 쓰러지고 말았다. 몸에 무언가 변화가 일어나고 있었다.

'내가 이렇게 쇠약해지다니…… 곧 하느님께로 가야 할 때가 오려나 보다.'

마더 테레사는 이때부터 마음속으로 죽음을 받아들이고 준비했다.

병원에 입원해 있는 동안, 우정을 나누었던 각국의 대통령과 인사들로부터 편지가 도착했다. 수많은 편지를 통해 마더 테레사는 육체의 고통을 이길 수 있는 마음의 위안을 얻을 수 있었다.

"마더, 꼭 회복하시길 바랍니다. 저는 오늘 칼리 여신에게 마더의 병을 차라리 내가 앓게 해 달라고 간절하게 기도드렸습니다."

한 힌두교 신자의 편지에 마더 테레사는 눈물을 흘리고 말았다. 그것은 마음을 다하는 사랑이 없이는 불가능한 기도였다. 가난한 이들이 비틀린 몸으로 죽어 갈 때, 그들의 아픔을 지켜보며 마더 테레사는 가슴이 찢어지는 듯한 고통을 느끼곤 했다. 그때마다 마더 테레사가 했던 기도가 바로 그것이었다.

마더 테레사는 요양을 필요로 하고 있었다. 그러나 병원에서 나오자마자 다시 일을 시작했다. 수많은 집들을 돌아다녔고, 가난한 사람들이 있는 곳이면 세계의 어느 곳으로든 여행을 떠났다.

죽음이 임박했다는 사실은 두렵지 않았다. 살 만큼 살았고 죽을 날이 머지않은 노인이라고 해서 활동적으로 일하지 말라는 법은 없었다. 노년의 삶은 충분히 희망적이고 행복할 수 있었다. 죽음을 준비할 수 있기 때문에 더욱 값진 시간들이었다. 죽음은 고향으로 돌아가는 것을 의미했다. 마더 테레사는 하느님께로 갈 준비를 시작했다.

우선 '사랑의 선교회' 총장직에서 물러났다. 쉬운 일이 아니었다. 사의를 표명했지만, 교황청에서 받아들이지 않았기 때문이었다. 모두들 마더 테레사가 어머니의 자리에 머물러 있기를 원했다. 그러나 계속되는 현기증과 심장 발작으로 인해 일을 하기 어려운 상황이 되고 말았다.

처음 사의를 표명한 지 8년 만에 마더 테레사는 총장직에서 물러날 수 있었다. 후임자는 정치학 석사 출신에 법학 공부를 한 니르말라 수녀가 선출되었다. 1997년 3월의 일이었다. 일에서 놓여나서 자유로운 몸이 되자마자 마더 테레사는 급격하게 쇠약해지기 시작했다. 1997년 9월 5일 마더 테레사는 87세의 일기로 끝내 숨을 거두고 말았다. 심장병에 말라리아와 폐렴까지 겹쳤던 것이다.

마더 테레사의 진짜 자유는 일 속에 있었는지도 모른다. 거리를 활보했던 자유로운 수녀, 마더 테레사. 그는 굽은 등에 가난의 십자가를 짊어지고 있었지만 그것을 무겁다고 생각해 본 적이 없었다. 마더 테레사는 일에서 벗어나자 이제 하느님께로 떠날 때가 되었

다고 생각했는지도 모른다.

인테르 쿠마르 구지랄 인도 총리는 애도의 성명을 발표했다.

"오늘 세계는 가장 빛나는 별을 잃었습니다. 세계는 마더 테레사를 잃음으로써 더욱 가난해졌습니다. 마더는 세상 사람들이 모두 싫어하고 피했던 이들에게 사랑과 기쁨을 주고 떠났습니다……. 마하트마 간디가 인도를 세웠다면, 마더 테레사는 인도를 세계인의 것으로 만들었습니다."

캘커타 거리에는 애도의 물결이 넘쳐나고 있었다. 수많은 인도인들이 곳곳에 세워진 마더 테레사의 집 앞에서 눈물을 흘렸다.

"마더! 마더!"

사람들이 외쳤다. 그들은 돌아오지 못할 어머니의 죽음을 애통해하며 울부짖었다.

인종, 종교를 초월하여 세계 곳곳의 사람들이 마더 테레사의 죽음을 슬퍼했다. 세계 각국에서 조문객들이 인도로 왔으며 수만 명이 마더 테레사의 유해에 참배했다. 마더 테레사의 장례식은 국장으로 치러졌다. 평민으로서는 마하트마 간디 이후로 두 번째였다.

성대한 장례식이었다. 장례 행렬에는 어려운 일을 함께 해 온 수녀들과 수사들이 있었고, 수많은 장애인들과 나환자들, 가난하고 병든 사람들과 아이들이 있었다. 많은 사람들이 눈물로 마더 테레사를 떠나보냈다.

사람들 곁에서 항상 함께했던 마더 테레사는 이제 세상에 없었다. 그러나 사람들은 소나무 껍질처럼 주름진 두 손을 꼭 모으고 가난하고 병든 이들을 위해 기도하는 그의 모습을 또렷하게 기억하고 있었다. 그는 자기 몸을 한없이 낮추며 살았다. 가난한 이들과 아이들을 돌보느라 항상 어깨를 구부렸던 탓에 말년의 마더 테레사는 조그맣게 줄어들어 있었다. 그가 기도하는 모습을 본 사람이라면 누구나 그 성스러운 아름다움에 감동할 수밖에 없었다. 자기 몸이 다 갈리도록 평생을 수고한 마더는 뼛속까지 사랑으로 가득 찬 어머니였고 할머니였다. 보고만 있어도 빨려드는 깊은 사랑을 가진 사람이었다.

　"나는 다른 이유로는 천국에 가지 못해도 사람들에게 알려졌다는 이유로는 천국에 갈 수 있을 겁니다."

　마더 테레사는 늘 말하곤 했다.

　"가난한 이들을 위해 일한다고는 했지만 사실 그들이 나를 깨끗하게 했고, 나를 희생하게 했으며, 천국으로 기꺼이 갈 준비를 하게 했습니다. 내가 그들에게 준 것은 너무도 미약합니다. 오히려 그들로부터 너무도 많은 사랑을 얻었습니다."

　마더 테레사의 죽음은 분명 영광스러운 것이었다. 그러나 그의 삶은 고난의 연속이었다. 고통받는 자들을 위해 일한다는 것은 맨발로 가시밭길을 걷는 것과 같은 일이었다. 사람들은 마더 테레사가 살아생전에 성자로 추앙받으며 대단한 영예를 누렸다고 생각하지만, 그의 삶은 영광스러운 것과는 거리가 멀었다. 가난을 위해 일하다 보면 멸시와 굴욕을 당하는 일은 예사였다. 마더 테레사는 실패를 더 많이 한 사람이었다. 탁발을 하다가 내쳐진 일은 작은 어려움에 불과했다. 국제적으로 환영받는 인사가 되어 활동할 때도 거센 반대로 인해 발을 들여놓지 못한 땅도 있었다. 공항에서 추방을 당한 일도 있었다. 존경을 받았던 만큼 비난도 많이 받아야 했다. 마더 테레사는 모든 고통을 묵묵하게 이겨 냈다.

알바니아인으로 태어나서 인도인으로 죽은 사람, 마더 테레사.

그는 18세에 집을 떠나 70년을 수녀로서 기도하는 삶을 살았고, 그 70년 중의 50년을 가난한 이들 곁에서 살았다. 50년간을 단 하루도 허투루 쓰지 않고 자기의 모든 시간과 정성을 가난하고 소외된 이들을 위해 헌신했다.

마더 테레사는 절망이 우글거리는 가난 속에서 희망으로 가난을 견뎌 낸 사람이었다. 그는 스스로 선택한 가난과 고통에 감사하며 살았다. 그는 버려진 아이가 있으면 시궁창에도 뛰어들었고, 비참한 소외감에 허덕이는 사람이라면 문둥병자의 손이라도 덥석 잡았다.

마더 테레사는 가난한 이들의 어머니, 소외받은 이들의 어머니, 병들어 고통받는 이들의 어머니, 죽어 가는 이들의 어머니였다. 그는 우리 시대의 가장 숭고한 모성이었다. 마더 테레사는 많은 이들에게 어머니에 대한 따뜻한 기억을 남겨 주고 떠났다.

누구도 마더 테레사를 잊을 수는 없을 것이다.

마더 테레사 연보

1910년	8월 26일, 마케도니아의 수도 스코플레에서 태어남. 8월 27일 세례를 받고 이날을 생일로 정함. 아그네스 곤자라는 세례명을 받음.
1919년	(9세) 아버지가 독살로 사망.
1922년	(12세) 수녀가 되어 인도에 가겠다는 소망을 품음.
1928년	(18세) 8월, 하느님의 성스러운 부르심을 느끼고 수녀가 되기로 결심함. 9월, 로레토 수도회 본원이 있는 아일랜드로 가기 위해 고향을 떠남. 12월 1일, 본격적인 수련을 위해 인도로 출발.
1929년	(19세) 1월 6일, 예수공연축일에 인도의 캘커타 지방에 도착함. 다르질링에서 수련기에 들어감.
1931년	(21세) 5월, 로레토 수도회의 수녀로서 첫 서원을 함. 소화 테레사를 본받고자 수도명을 테레사로 정함. 캘커타 엔탈리의 성 마리아 학교에 파견되어 학생들에게 지리와 역사를 가르침.
1937년	(27세) 5월, 첫 서원으로부터 6년이 지나 종신서원을 통해

평생을 수녀로서 살겠다고 맹세함. 성 마리아 학교의 교장이 됨.

1939년 (29세) 9월, 제2차 세계대전 발발. 엔탈리의 로레토 수도원이 영국의 야전병원으로 지정됨. 국적을 불문하고 부상당한 병사들을 치료함.

1943년 (33세) 10월, 인도 대기근 발생.

1944년 (34세) 7월, 영적 지도자 판 엑셈 신부를 만남.

1946년 (36세) 8월, 힌두교와 이슬람교 사이의 종교 분쟁으로 캘커타에서 대학살이 일어남. 거리에서 수많은 사람들이 피를 흘리며 죽는 것을 목격함.

9월 10일, 다르질링으로 피정 가는 기차 안에서 "가난한 사람들 중에서 가장 가난한 사람들에게로 가라"는 하느님의 음성을 들음. 이것을 '부르심 중의 부르심'이라 생각함.

로레토 수도원을 떠나 일할 수 있도록 교황청에 허락을 요청함.

1947년 (37세) 8월 15일, 인도가 영국으로부터 독립함.

종교에 따라 동파키스탄과 인도로 분리됨. 민족의 대이동으로 많은 사람들이 난민이 됨.

1948년 (38세) 4월, 교황청으로부터 수도원을 떠나 빈민가에서 일해도 된다는 '수도원 외 임시 거주 허가증'을 받음.

8월, 푸른 줄무늬 사리를 입고 수도원을 떠남. 파트나 의료 선교 수녀회에서 의술을 익힘.

12월, 캘커타의 모티즈힐에서 홀로 활동을 시작함.

1949년　(39세) 인도 국적을 취득해 인도인이 됨.

2월, 고메스 형제의 도움으로 새로운 집으로 이사함.

3월, 제자 스바니시 다스가 찾아옴. 이후로 계속 지원자들이 찾아와 초기의 선교회는 모두 12명의 수녀들로 이루어짐.

1950년　(40세) 10월, 사랑의 선교회가 로마 교황청의 승인을 얻음. 선교회의 총장으로서 '마더 테레사'라 불리기 시작함.

1952년　(42세) 캘커타 시로부터 칼리 신전을 제공받아 '죽어 가는 사람들의 집'(니르말 흐리다이)을 만듦.

1953년　(43세) 수도회의 수녀가 28명으로 늘어남. 로우어 서큘러가의 집을 싼값에 구입하여 사랑의 선교회의 본부인 '마더 하우스'를 만듦.

1955년　(45세) 마더 하우스 근처에 '때 묻지 않은 아이들을 위한 집'(시슈 브하반)을 만들면서 곳곳에 아이들을 위한 집을 세우기 시작함.

1959년　(49세) 인도의 티타가르에 문둥병 환자를 위한 치료센터를 만듦.

1962년　(52세) 필리핀에서 막사이사이상을 수상.

1963년	(53세) 3월, 사랑의 선교 수사회가 활동하기 시작.
1965년	(55세) 2월, 교황 바오로 6세가 '사랑의 선교회'를 교황청이 직접 관할하는 수도회로 인가함.
1969년	(59세) 문둥병 환자를 위한 '평화의 마을'(샨티 나가르) 설립.
1975년	(65세) 장기 요양자들을 위한 시설인 '프렘단'(사랑의 선물)을 만듦.
	10월, 미국에서 알베르트 슈바이처상 수상.
	12월, 『타임』지에 '살아 있는 성도들'이란 제목으로 마더 테레사가 소개되어 전 세계의 관심을 받음.
1979년	(69세) 12월 10일, 노르웨이 오슬로에서 노벨 평화상 수상.
1981년	(71세) 6월, 한국 방문. 한국에 사랑의 선교 수녀회를 세움.
1982년	(72세) 이스라엘과 팔레스타인 해방기구(PLO) 간의 충돌로 전쟁 중인 서베이루트에 가 어린이들의 집에 있던 장애아들을 안전한 곳으로 대피시킴.
1983년	(73세) 심장 질환이 발생함.
1985년	(75세) 1월, 한국을 세 번째 방문함. 나환자촌 성 라자로 마을과 판문점 방문함.
1990년	(80세) 총장 사임 의사를 밝혔으나 받아들여지지 않음. 감옥에서 나온 소녀들을 위한 '샨티 단'(평화의 선물)을 만듦.
1997년	(87세) 3월, 총장직 사임. 니르말라 수녀가 후임 총장으로

임명됨.

9월 5일, 총장직을 사임한 지 6개월 후 세상을 떠남.

9월 13일, 인도 국장으로 장례식이 치러짐. 사랑의 선교회
본부 마더 하우스에 묻힘.

오늘날의 세계는 사랑에 굶주려 있다.

21세기 첨단 과학 시대에 접어들었지만, 여전히 지구촌 곳곳에서 굶주림과 대형 사고, 전쟁, 테러 등으로 죽어 가는 사람들이 수없이 많다. 평범하게 살아가던 이웃이 아무 죄도 없이 피를 흘리며 사라지고 있는 것이 21세기 세계가 처한 현실이다.

마더 테레사가 살아 있다면 어떻게 했을까. 전쟁과 기아가 있는 곳이면 어디든 달려가 병든 사람들과 어린이들을 구출해 냈던 그 용감함으로 세계 곳곳을 발이 부르트도록 뛰어다녔을 것이다. 150센티미터도 안 되는 작은 키에 깡마른 체구, 깊게 주름진 얼굴, 온갖 고달픈 노동으로 굽어진 허리, 닳아서 뭉툭해진 발을 가지고 있던 꼬부랑 할머니 마더 테레사. 그는 우리와 동시대를 살았지만 성인으로 추앙을 받고 종교를 떠나 전 세계인의 존경을 받은 인물이었다. 그는 가난한 사람들보다 더 가난하게 살았으며, 가난하고 병든 사람들을 위해 기도하면서 자기 삶을 통째로 헌신했다.

그 힘의 원천은 바로 모성애였다. 그는 지극한 어머니의 마음으로 극빈자와 병자, 아이들을 돌보았다. 사람들은 그렇게 한 사람에게 정성을 다하는 것이 거창하지 못한 일이라고 했고, 보잘것없는 일이라고 했다. 그러나 마더 테레사는 한 사람을 구해야 10만 명도 구할 수 있다고 믿으며 자기 일에 최선을 다했다. 그리고 자기 삶을 몽땅 바쳐서 모성애를 인류애로 승화시켰다. 어찌 그를 가난하고 소외받은 이들의 어머니이자 인류의 어머니라고 하지 않을 수 있겠는가.

이 글을 쓰면서 위대한 마더 테레사보다는 평범한 사람으로서의 테레사를 발견하기 위해 애썼다. 우리는 마더 테레사를 나이 든 노인으로만 기억하고 있다. 하지만 할머니 마더 테레사에게도 꽃봉오리 같은 볼을 가진 어린 시절이 있었다. 그는 미래에 대한 막연한 동경과 불안감을 가진 평범한 소녀였다. 20대와 30대의 패기 넘치던 젊은 시절도 거쳤다. 그리고 좌절과 실패를 거듭했고, 항상 고뇌하면서 살았다. 마더 테레사는 우리 인생의 시간과 다르지 않은 나날을 살아 냈다. 그는 낙타처럼 늘어진 목덜미를 가진 친근한 우리 네 할머니를 닮았다. 놀다 넘어져 울면서 돌아가면 언제나 따뜻하게 위로해 주던 할머니. 약손으로 배를 살살 어루만져 아픔을 말끔하게 없애 주던 할머니. 마더 테레사는 우리에게 할머니에 대한 추억을 불러일으킨다. 눈물겹도록 보고픈 우리들의 할머니.

테레사의 사랑은 지극히 평범한 것이었다. 그러나 진짜 사랑을 한다는 것은 너무도 어려운 일이다. 마더 테레사는 자기를 희생하지 않고서는, 고통이 따를 때까지 상처를 받지 않고서는 사랑을 할 수 없다고 말했다. 미움과 분노, 폭력과 전쟁은 아무 힘이 없다. 세상에서 가장 힘이 센 것은 바로 사랑이다. 소녀 아그네스를 마더 테레사로 키워 낸 것도 가정의 따뜻한 사랑이었다. 사랑을 알았던 그 소녀는 훗날 곁에 있는 이웃을 사랑하는 단순한 방법으로 위대한 인물이 되었다. 그는 오직 사랑만이 세상을 바꿀 수 있음을 보여 주었다.

마더 테레사는 87년의 생을 살다 갔지만 500년을 산 것처럼 많은 일을 겪었다. '유럽의 화약고'라고 불리는 발칸반도에서 태어나 어린 나이에 정치적인 문제로 아버지를 잃었다. 마케도니아를 떠나 인도에 가서도 격동하는 역사의 현장에서 살아야 했다. 정치 문제와 역사적인 배경을 빼놓고는 마더 테레사를 이야기할 수 없을 정도다. 그러나 무거운 역사 속에 인간 마더 테레사가 묻히지 않았으면 한다. 세계 정치와 역사에 관한 이해가 없어도 마더 테레사의 어려움은 글을 읽어 나가면서 충분히 공감할 수 있을 것이다. 수없이 많은 일을 했지만 업적을 열거하기보다는 살아 숨 쉬고 고뇌하는 마더 테레사를 만들려고 노력했다. 종교적인 색채를 떠나 객관적인 설명을 하는 것이 가장 어려운 작업이었다.

주로 나빈 차울라가 쓴 전기 『가난한 마음 마더 테레사』를 바탕으로 이야기를 구성했다. 인도 관리인 차울라가 가까이서 마더 테레사를 지켜보며 쓴 책으로 2003년 '생각의나무'에서 번역 출간되었다. 1997년에 '두레'에서 나온 신홍범이 엮은 『전기 마더 테레사』도 참조했다. 이 두 책에는 마더 테레사의 사진들이 많이 실려 있어, 그의 모습을 묘사하는 데 큰 도움을 주었다. 그 외에도 마더 테레사에 관한 동화들이 많이 출판되어 있어 자료로 십분 활용했다.

처음 평전을 쓰기 시작했을 때는 테레사가 굴곡 없는 삶을 산 재미없는 인물이라고 생각했다. 태어날 때부터 존경받는 수녀였고 위대한 성인이었을 거라고 생각했다. 그러나 이제는 감히 마더 테레사가 우리 주변에서 생동감 있게 살아가는 이웃이었다고 말할 수 있다. 그의 삶을 따라가며 웃고 우는 작업은 개인적으로 뜻깊은 일이었다. 글을 쓰며 사랑과 삶의 의미에 대해서 많은 생각을 했다. 그리고 서슴지 않고 존경하는 인물로 마더 테레사를 꼽을 수 있게 되었다.

마더 테레사는 수녀임을 떠나 노년이 되어서까지 열정적으로 일했던 '일하는 여성'이었다. 그는 빈민굴도 마다하지 않고 뛰어들었고 병든 자들을 업고 뛰었으며, 가난한 이들을 위한 집을 짓기 위해 돌을 지고 날랐다. 마더 테레사는 모험가이기도 했다. 고향을 떠나 미지의 땅 인도로 떠날 수 있었던 것은 개척 정신이 있었기 때문이었다. 그가 안정된 교장 수녀의 자리를 박차고 거리로 나선 것은 30대 후반의 일이었다. 모든 것이 모험이었지만, 그는 조용하게 자기 몸을 던졌다. 모든 일에 가난한 맨손으로 덤벼들었다. 그리고 하느님께 기도하면서 스스로에게 이렇게 외쳤다.

'일단 부딪쳐 보자. 그래, 난 잘 해낼 수 있을 거야!'

부디 이 글을 읽는 청소년들이 시야를 넓혀 세계의 현실에 눈을 뜨고, 세상을 위해 무언가 작은 일을 실천할 수 있기를 바란다. 오늘날의 세계는 언제나 그랬듯이 사랑을 필요로 하고 있다.

사랑만 있다면 모든 순간이 축제다!

빈민을 위해 헌신한

마더 테레사

© 김정희, 2004

초 판 1쇄 발행일 2004년 10월 22일
개정판 1쇄 발행일 2022년 2월 10일

지은이   김정희
펴낸이   강병철
펴낸곳   더이룸출판사
출판등록 1997년 10월 30일 제1997-000129호
주소   10881 경기도 파주시 회동길 325-20
전화   편집부 02) 324-2347 경영지원부 02) 325-6047
팩스   편집부 02) 324-2348 경영지원부 02) 2648-1311
이메일   jamoteen@jamobook.com

ISBN 978-89-5707-219-6 (44990)